U0164392

中國之路

我們做對了甚麼？

葉國華　著

目錄

自序

當我要出版此書時，有友人問我是否要把中國政府及中共所做的在西方世界看來不合理的事合理化，我並沒有這方面的考慮。我只是回顧自己這 61 年的實踐，從而回答一個問題：中國人這百年做對了甚麼，才有被視為工業革命後的經濟奇跡發生？

這本書是我個人在中國香港這個前殖民地出生、成長、生活、事業發展的過程中，對中國的認識、學習、調查、總結的過程和反思。中國在現政府的管治下，已成為世界第二大經濟實體，並將會成為世界第一大經濟體（這是聯合國及多個世界組織的研究調查所達致的共識），前階段的粗獷發展，用各種角度細視都有很多不足，正完善改正之處比比皆是，但總量來說，我認為還是進步了、發展了。如此一個龐然大物的國家的走向步步影響全球，她有自己原動力的勢。世界不少重視公平、公正、人道主義、環保的知識界人士都有祈待此新興勢力的走向與全人類福祉一致的願望，她人口龐大、還有可塑性、還在成長發展中。很多先進國家社會存在的缺失在中國還未形成或固化，可以及時改正。現實上她的走向對錯利害全球，故我抱單純之心參加這個中國之路（中國模式）的討論，況且到目前為止，全球還沒有一個被我這個在內地、香港生活、工作，並參與中國開放改革四十多年的讀書人，認為是普世皆宜、必須徹底模仿的政治制度。所以雖自知力有所不及，但仍然想做一些事，以為讀者留下點滴的參考。

我個人實在對人類在長遠自然歷史時空尺度中的處境抱有戒慎的態

度，我並不認為人類可以有智慧避免走向自然滅絕或自我滅絕。當然200年短時空內的積極元素是存在的，但宇宙有生就會走向滅、有就會無。宇宙如此，人類亦如此。人類只不過在宇宙的初創至今早段的亮麗中佔據了一個獨特閃光點，一閃卻色彩無限而過。有幸生而為人，與古今地球上億萬年來億萬眾生同處這個閃亮一點的剎那中，是極其幸運的。能生而為人，成為在千萬次幸運的交疊中和宇宙的創新演化奇跡內的一個微分，我充滿感恩、喜悅與謙卑。人類正享用此美好時光，願人類的原創文明體系之一——至今最大的族群華夏民族——能在總結自己的道路時，仰望星空，認識此點，得到大醒悟。

以此為序。

第一章

中國之路的提出

全球變局彰顯的問題

在 21 世紀的第二個十年，反全球化與民粹國族主義風起雲湧，於 2016 年出現英國脫歐與主張「美國優先」的特朗普當選美國總統的標誌性發展。與此同時，中國以大手筆作全球佈局，且隱隱然成為維護與繼續推進全球化的旗手。在這樣的全球變局的背景下，近年已被舉世關注的中國發展道路問題，引起更廣泛的研究興趣。

在沒有殖民地掠奪、不進行侵略、不發動對外戰爭的世界環境下，中國近年獨特的經濟發展模式是自英國工業革命以來人類創造的最大的經濟增長奇跡。中國正逐步重回經濟實力世界第一的位置、回到千年文明常態，這是世界上唯一一個能夠恢復並超越其歷史上經濟及社會成就最高水平的古文明體系，是要加以肯定及研究的。

這個體系的復興並不只是靠執政的中國共產黨的努力，也不只是 1949 年建國、1978 年改革開放以來的成果。清末政制的改革、國民政府的現代政制與農村制度的始創，以及兩岸分治後的台灣經驗、香港過去在英國管治下一百五十多年與中國歷屆政府的互動、在人才輸送、經濟發展、改革創新上的貢獻等，都是這個體系成功復興不可或缺的因素。但我不認為復興或崛起會令中國統治世界，代替二次大戰以來領導全球的美國的地位。

按多國政府及國際機構的估算，至中華人民共和國建國 100 年的

2049 年時，中國將是歷史上從未有過的天下規模的超大經濟體，也將是她的五千年文明體系的新階段，這將對全球造成震撼性影響。中國擁有悠久的、大一統思想的中華帝制，而期間二十多個朝代中有五個的國祚超過三百年，歷史都比現存的西方式體制要長。[1] 此中經驗值得我們全面研究。

中國復興是全球五分之一人口的重要經驗，中國發展道路具備發展中國家及發達國家的雙重經驗，有助於經濟、政治以外的文化、文明的探討，亦有助於全世界規模的人類福祉的探討。由於中西方的社會歷史發展軌跡不同，故中國發展道路有其特點與經驗，對其研究與整理可重寫近三百年世界的樣貌及認知，也必然會引起近三百年主導世界的西方力量的各種回應，亦將會掀起各方的互動並影響世界的走向。

研究中國道路，目的是把它的經驗供世界分享、參考。但這不表示我認為中國的制度一定適合其他國家，甚或可以管治世界，亦不關乎個別國家、民族、政治派別、理論派別的榮辱，而是以人類與地球視角的討論。東方正面回應西方在文明與價值觀的挑戰與質疑，可加強東西方的相互瞭解與互信，最終增進人類共同的福祉。

2008 年發生的金融海嘯凸顯中國發展道路的初步成功，其中經濟

---

[1] 分別是夏（約公元前 21 世紀 – 約公元前 16 世紀），商（約公元前 17 世紀 – 公元前 11 世紀），周（公元前 11 世紀中期 – 公元前 256 年），漢（公元前 202 年 – 公元前 220 年）和宋（960 年 –1279 年）。

模式起了關鍵作用。當時中國成為世界資金的避風港的原因，在於擁有市場經濟與計劃經濟混合的機制：它一方面可以適應市場需要，另一方面又能及時操控調節、避免資金大量流出。這種國有資本和國際、國內民間資本混合機制，即「節制資本模式」，令國家控制資本而不是資本控制國家和社會。

在1997年爆發的金融風暴，時任馬來西亞總理的馬哈蒂爾慨嘆道：「面對軍事侵略，還可以跟敵人拼命，但面對金融風暴，只是十幾秒，國庫就可以給掏空！」他於是下令外匯管制，限制資金流出。在2008年金融海嘯時，美國的AIG和花旗銀行等外資企業在中國的資產由於外匯管制而沒法調出去，結果逃過一劫，沒有倒下。大家慶幸中國有這套機制，否則他們會遭殃！

眾所周知，美國的華爾街是全球金融中心，引領着全球金融市場的發展方向。然而在2008年，3月16日，美國第五大投資銀行貝爾斯登（Bear Stern）被摩根大通（JP Morgan Chase）收購，華爾街隨即陷入恐慌；9月15日，第四大投資銀行雷曼兄弟（Lehman Brothers）向美國法院申請破產保護，第三大投資銀行美林（Merrill Lynch）被美國銀行（Bank of America）收購，百年老店瞬間崩潰；9月21日，兩大投資銀行高盛（Goldman Sachs）和摩根斯丹利（Morgan Stanley）轉型為銀行控股公司。隨後，紛擾一年多的美國房地產「次級債」金融危機，演變成震動世界的「全球金融海嘯」！此後，美國政府經過激烈的辯論，尋求解決金融風暴的方案，隨後通過8500億美元的救市計劃。

尤幸中國的銀行體系由於之前沒有緊跟「華盛頓共識」，在美國金融體系的投資相當節制，所以在這次金融海嘯中受到的打擊不大，加上中國政府與世界金融體系接軌的過程中保持了中國特色，以政府的有效管治和強力調控，使中國的金融體系基本上並未受到太大的影響。

2010 年 3 月，美國派出有史以來最龐大的商務團來華進行戰略對話。中國與世界強國公平地對話這一百六十年來的夢想在此刻實現了。美國隨後發表戰略白皮書，強調要善於跟競爭對手合作、共建世界。

從中國崩潰論、北京共識到中國模式

自從上個世紀 90 年代蘇聯解體和東歐劇變後，「中國崩潰論」就開始在西方流行起來。著名對沖基金經理查諾斯（James Chanos）曾放言，中國的經濟只靠政策支撐，泡沫比杜拜「嚴重一千倍以上」，註定要爆破的。[2] 2008 年金融海嘯發生後，中國的經濟反彈比其他大型經濟體都迅速，有不少學者認為這只是泡沫，指中國的強大經濟是建立在不健全的基礎上，與上世紀 80 年代的日本泡沫經濟有相當多相似之處。從表面看來這些論點不無道理，當時中國經濟與泡沫年代的日本的確有類同之處：一、極高的國民儲蓄率；二、長期控制匯價，由出口貿易支撐經濟增長；三、

---

[2] 聯合早報網，2010 年 1 月 10 日，《美專家警示：中國泡沫千倍杜拜》，http://www.zaobao.com/wencui/2010/01/hongkong100110g.shtml，瀏覽日期：2011 年 1 月 26 日。

全球第一的外貿順差國。不過，這些學者似乎只看到問題的其中一面，而沒有對中國的問題作全面評估。數據顯示，中國政府的淨債務僅佔 GDP 比率約 20%，雖然有人懷疑這個數字並未包括地方政府的負債，若兩者加起來，比率大約佔 50% 左右。不過就算是50%，相比起發達的歐美國家平均的 90%，實屬小巫見大巫。中國仍是一個發展中國家，人均 GDP 只是美國和日本等先進國家的十分之一左右，仍有極大空間可容納更多資金，所以中國的經濟根本還未到「泡沫」的失衡階段。相反，中國擁有龐大的農村人口和巨大的內需市場，只要大時局沒有重大變化，中國向前發展的空間仍然很大。[3]

2009 年奧巴馬訪華前夕，美國的雷默教授（Joshua Cooper Ramo）在《時代》週刊發表文章，呼籲中美兩國是時候「共同進化」。[4] 雷默是《北京共識》的作者。《北京共識》（The Beijing Consensus）一文是他在中國參加一百四十餘次座談、訪問，以及總結眾多中國案例而寫成的。[5] 當年在「華盛頓共識」

---

[3] The Economist, Jan 14th 2010, China's economy – Not just another fake, http://www.economist.com/node/15270708，瀏覽日期：2011 年 1 月 26 日。

[4] 基辛格諮詢公司的行政主管約亞·雷默在美國《時代》週刊上發表長文，籲請奧巴馬政府用全新的眼光來審視中國。他提出用「中美共同進化論」（co-evolution）來取代傳統的「遏制戰略」和不現實的「中美共治論」，並明確指出「美戰略與經濟對話」的機制已經過時，不能有效地維護美中雙方的共同利益。原題：中美雙方需調整心態「共同進化」，2009 年 4 月 28 日。雷默曾是約翰·桑頓辦公室主管合夥人、《時代》週刊高級編輯、高盛公司高級顧問和清華大學客座教授。

[5] Joshua Cooper Ramo, The Beijing Consensus, The Foreign Policy Centre,2004.http://fpc.org.uk/fsblob/244.pdf,瀏覽日期：2010 年 11 月 8 日。

發表後，有些國家如墨西哥和印尼等緊隨共識指引，亦有部份國家表示未能完全認同，拒絕接受「華盛頓共識」，其中立場最鮮明的有中國、印度、俄羅斯和巴西（即後來所謂的「金磚四國」）。上述「中國崩潰論」的支持者，基本上都是「華盛頓共識」的支持者。他們的論點很簡單，就是中國的改革開放未夠徹底，未能緊隨西方的發展模式，所以有那麼多貪污、貧富懸殊和農民等問題。這種觀點極其片面，用的是西方的觀念、尺度，根本無法全面深入瞭解中國的問題。全盤採納西方發展模式的國家未見得能解決所面對的問題。1998 年亞洲金融風暴中追隨「華盛頓共識」的國家大都陷入困境，於是更進一步強化金磚四國對「華盛頓共識」的否定。雷默教授其後到北京做調查研究，為其「北京共識」出台做準備。所謂「北京共識」是民間、學界針對「華盛頓共識」提出來的，北京官方並沒有提出「共識」的說法，怕被人以為要傳播意識形態。

至於「中國模式」的討論則基本上是從「北京共識」一路延伸下來的。「北京共識」總結過去二十幾年來中國發展成功的原因，並未提及「中國模式」這個概念。在 2008 年金融海嘯中，由於中國受的影響很少，經濟恢復也很快，於是大家開始關注中國是否有一個發展模式。而「中國崩潰論」則走向式微，現時已很少人提及它。對「中國模式」的說法，中國內部也有很多人持反對態度，包括一些大學教授。他們認為中國現在還有那麼多缺點，談不上甚麼模式。若制度、政策成功了，被歸納、定義成理論，且能讓別人參考、指引，甚至複製，可以稱為「模式」。若失敗了，可被視為反面教

材，一般稱為「教訓」。中共總書記習近平在 2016 年 7 月慶祝中共成立 95 周年大會上說，中國共產黨人和中國人民完全有信心為人類對更好社會制度的探索提供中國方案。2016 年 12 月在杭州舉行的由中國主持的 G20 峰會上，習近平再次談及「中國方案」，向世界推銷中國的發展經驗。本書講的多是中國成功的經驗，但為避免不必要的概念爭論，我使用較為中性的「發展道路」來進行論述。道路是有方向的，但可能有歧途與曲折。

認識中國是一個曲折的過程

或許應先談談我開初如何認識中國之路。在 1956 年仍在讀中學的時候，我就捲入香港的左派學校抗衡右派的「雙十暴動」活動。沒想到數十年後，我會被香港特區政府委派處理涉台事務，由此跟國民黨有多方面的接觸。回顧少年求學時期，殖民地的香港仍受國民黨的強大影響，我就讀的學校（最初是親國民黨政府的）每逢星期一的周會都會有升旗禮，還會唱原為國民黨黨歌的中華民國國歌「三民主義，吾黨所宗⋯⋯」，而我的國家意識就是這樣由向青天白日旗敬禮開始的。[6] 所以在處理台灣問題時，我有一份獨特的感情在內。

---

[6] 歌詞為：「三民主義，吾黨所宗，以建民國，以進大同。諮爾多士，為民前鋒；夙夜匪懈，主義是從。矢勤矢勇，必信必忠；一心一德，貫徹始終。」這是出自民國十三年 (1924) 六月十六日，孫中山先生在廣州黃埔軍官學校開學典禮中，對該校師生之訓詞。北伐成功後，戴傳賢建議將此訓詞採納為中國國民黨之黨歌歌詞。其後經中央常務委員會通過，並公開徵求樂譜，最後以程懋筠所作的一首拔得頭籌，民國十八年 (1928) 一月十日中央常務委員會決議採納程懋筠所作樂譜。因該歌詞極富愛國思想，且曲調莊嚴和平，雄壯有力，有激發民族意識之效能。民國十九年 (1930) 三月二十四日行政院明令全國在國歌未制定前，一般集會場合均唱這首黨歌代替國歌。

我記得 1997 年 10 月 10 日的雙十酒會，我獲邀參加在香港舉行的慶祝活動，並被刻意安排站在青天白日旗下拍了一張照片，翌日報紙刊登出來。事後中國駐港官員朋友對我這一舉動很有意見，並且說他們是從來不會在這旗下拍照的。我回應說：「如果我們不承認這支旗的存在，就談不上一個中國的問題。如果有一天他們掛『綠島旗』，我一定不會去拍照，但掛國民黨的青天白日旗，特別是在香港，我覺得不存在政治原則性的問題。」事後我受到很多批評。但大概十多天後，辜振甫先生等台灣人士訪問北京，江澤民主席接見他們時，站起來高唱「三民主義，吾黨所宗……」，並表示他對祖國的認識是在青年時期由這首歌和這支旗開始的。自此以後對我批評的聲音也就消失了。

回顧這幾十年我所走的路，當大家向東走的時候，我就向西走，當大家去親英時候，我就去反英。到了現在，大家去親中了，我當然不反中，只是想回顧總結一下我對國家的認識經驗，思考一些問題，看看有甚麼地方是可以改善的。

過去六十多年，我迂回曲折地認識自己的國家，走了很多不同的路。大家可能會問：是否很艱難呢？其實也不是，比較起來，我們的先驅者的路更艱難啊！過去六十多年，我認識祖國的經歷有以下幾個階段。

首先是青少年活躍無知的階段。入讀當時被稱為親共的學校，那時

對某些事人云亦云，隨波逐流地響應親中組織的號召和鼓動，投入在當時歷史背景下被認為是愛國的活動。

其次，在文化大革命時期，我們這輩人很多都是不明原因地認同國內的「文革」。當時，國家用許多辦法包括語言和邏輯推論，說服民眾相信共產黨的行動是對的。但發展到後期，當權領導者突然轉變，說文化大革命都是林彪和「四人幫」搞出來的。經過這次事件，我們這輩的很多人都對共產黨領導的國家失去信心，有很多朋友因此而移居外地，過着不如意的生活。

其後，幾經艱難我才重整心情繼續上路，重新認識祖國。我參加了香港回歸的一些前期研究工作，當時我組織香港幾十位政經界的朋友，包括一些後來活躍於香港政界的精英，成立「經緯顧問公司」，希望為香港回歸略盡綿力。正當我緊隨國家發展步伐的時候卻好景不長，又遇上 1989 年的「六四」事件！「六四」發生前幾天，我去天安門廣場觀察情況，又去蘇聯大使館和美國大使館所在地瞭解群眾情況。當趙紫陽接見戈爾巴喬夫時說，在最重要的問題上，國家仍需要鄧小平來掌舵。我當時就心想：「這樣無形中在國際上把責任推給鄧小平，大事不妙了！」之後就真的發生了無可補救的歷史遺憾。今天回顧，「六四」事件究竟是誰的錯？李鵬、趙紫陽，還是鄧小平？錯在哪裏？香港不少人至今仍未原諒「六四」事件中當局的處理方式。政府在處理人民矛盾時要動用到軍事力量，總不能說政府當時在施政上沒有失算、失當、錯估、內部失和等值得總

結的問題吧？事件最終對民族發展的影響如何，仍有待未來歷史來作定論。

到了 2007 年，時任國家主席的胡錦濤訪港，提到香港需要做好國情教育。我之前在香港電台開始主持一個叫《五十年後》的節目（至今仍繼續），講香港回歸後的五十年如何發展，也談中國與世界的事情。中國在 2008 年舉辦奧運會，2010 年中國又舉辦世界博覽會，期間經歷國家成功應對金融海嘯，以及其他內外重大挑戰，我想是時候為中國發展道路整理出自己的一個理性的認知框架了。

闡述的五個基本立場

闡述中國發展道路，我抱持着五個基本立場：

一、告別悲情主義，但我會有感情地分享我過去六十多年來對中國的瞭解。中國人的悲情時代應該結束了。在過去，我們由於國家積弱，面對過種種屈辱，於是整天擔心被人家歧視、欺負，拼命強調自己國家的光榮，愛國主義情緒高漲。但來到今天，如果仍抱持這種單一的角度來看待事情，就會顯得過於狹隘，因此我不會從這種單一角度來講中國道路。1842 年鴉片戰爭失敗後，以李鴻章為代表的中國人面對三千年來未有的大變局如夢初醒，李鴻章很清楚地指出，中國到了一個新時代。是的，我們還處於這個新時代，不必停留在以往的時代。我們也要全面觀察清朝的歷史，過去我們太強調西方入侵，中國很悲慘，其實清朝到乾隆時期，中國治理仍是全

球最有成效的，在經濟、政治、文化各方面當時都是全世界最優秀的。懂滿文的哈佛大學費正清研究中心學者歐立德在其《乾隆帝》一書中說，乾隆時期的治理，在全球範圍內可謂出類拔萃，同羅馬帝國等比較都要出色一籌，其治理系統的複雜性、周密性、有效性，皆為其他帝國所不及，而為現在中國所繼承。我希望能夠用一種更理性、更科學、有客觀數據、與全球同時代比較參照的角度，看自己國家的歷史，以共融的立場去談中國發展問題。

二、告別民族主義，告別那種狹隘、自大、驕傲的「中華民族一貫優秀」的情緒。取而代之的，是持人類文明大視野去看問題，我會強調「星際意識」和「物種意識」。我們都是來自 25 萬年前非洲的一個族群，如果人類這個物種有 750 萬年的歷史的話，可能在無數的世代已滅絕很多次。直至距今 25 萬年前，現今人類此物種才有足夠的聰明才智，逐漸遷移到全世界。原來我們本是一家人，我們真的是四海之內皆兄弟，這論點已經不是考古學上的猜想，而是遺傳學 DNA 的確論，是聯合國 DNA 人類基因庫研究組得出的結論。所以我不會說中國人如何優勝於其他族群，但中國人口多，佔全球份額比例大，要承擔更多的責任。「星際意識」源於布達佩斯俱樂部，[7] 強調的是人類只是地球眾多物種之一，人類與其他生

---

[7] 布達佩斯俱樂部是由來自不同藝術、文學和文化精神領域的富有創造力的人們組成的非正式組織。布達佩斯俱樂部理念基於如下的觀點，即人類面臨巨大挑戰，只有通過發展全球文化意識才能解決。布達佩斯俱樂部的前身是羅馬俱樂部，是全世界第一個提出全球問題的智囊團，由全球 100 位在各領域有影響的精英人物組成，研究人類面臨的重大問題的學術機構，不定期的提出研究報告。在上世紀 70 年代，羅馬俱樂部首先提出全球問題研究或全球學，其發表的研究報告《增長的極限》影響極大，喚醒世人開始關注和研究全球問題。

物是共存的。我們談中國道路，不應該只講中華民族如何偉大，也不要太講我們在世界上怎樣「站起來了」。當我們很窮、給人打倒躺臥在地上時，我們講「站起來」是一種激勵，今天應該講的是如何同世界各國人民以及各物種共存、共用、共榮。

三、告別史官立場，在政治立場上採取一種抽離、超脫的大歷史立場，而非固有於一個時代、政黨、政府「成王敗寇」的短暫時空立場。相信中國政府亦已接受這種大歷史角度。講中國發展道路，不應只局限於六十多年來共產黨的建設或三十多年來改革開放的成果，應該要從公元前221年秦始皇建立中央集權開始，一直到唐、宋、元、明、清，構成中國今天管治的核心內容。中國的原創文明，雖然在最近二百年落後於人，但是今天中國取得的成就應該理解為兩千多年來的發展使然。正如孟德斯鳩所說，有這樣的人民就有這樣的政府，今天的中國人腦子裏所想的、社會上很多習慣、系統性的現象和價值觀，是離不開兩千多年來中國文明的沉澱的，而這亦是塑造今日中國發展不可或缺的元素。

四、告別列寧主義和毛澤東思想的階級鬥爭觀念。在現代資本主義社會經濟的歷史環境下，資本主義已做了大幅度的修正，亦對勞動者作出不少讓步。市場的發展讓資本主義把勞動者變成市場持份者，才能令自身不斷擴大。當然，歷史還在演化中，人類並未聰明到能完全解決社會公平分配的問題，爭取公平持份的鬥爭仍不斷地出現在全球各地。我不敢說「階級鬥爭」的理論已完全不合時宜，

我沒有足夠的社會、歷史、經濟等方面的研究去否定這套理論。現如今的德國人仍在介紹馬克思與恩格斯對全球人類生活的影響，可見馬克思主義仍具有生命力。[8] 但我相信，我們可以跳出階級鬥爭的觀念來審視近年中國改革的現象。

五、告別西方中心主義，不再以最近三百年才形成的西方文明價值作為衡量文明優劣的唯一尺度。今天，在香港曾接受殖民地教育的一代大多受到西方文明價值取向的影響，這連看歷史也會產生偏見，可以清朝乾隆皇帝的軼事為一例。據說乾隆飲食非常昂貴，他的一餐花費百多兩銀，但他只吃幾口而已。餐食的巨額費用部份由於防毒安檢的程式，是因為安全問題。歐立德的《乾隆帝》在這史實做了說明。作為對比，當時英國皇帝飲食也要經過多重檢驗，但中毒的事件仍然時有發生。乾隆是一個積極有為的皇帝，他積極主動，工作日程排得很滿，每天早晨 5 點起床，一直工作到晚上 8 點才下班，每天要見 50 個新進官員，跟他們談話，希望從中能發現人才。而清也像唐、元一樣並未受到長城的限制，依舊對外開放，跟外國通商。所以，我們要認識自己國家的歷史，不要凡事以西方價值為標準，否則容易把中國今天發展中所遇到的種種問題以西方標準來審判，歸咎於中國欠缺西方標準的民主、人權和自由。原本我也不例外，不過現在改變了，再也不持這種西方尺度來看自己的國家及世界上其他國家的發展方向。我並非反對廣義的民主、人權

[8]《重新認識馬克思》，《文匯報》，2008 年 11 月 10 日，網址：http://paper.wenweipo.com/2008/11/10/OT0811100001.htm，瀏覽日期：2011 年 1 月 26 日。

和自由，我只是對美國話語權下的西方尺度起了懷疑。我認為全球各種文明都會有適應自己文明和社會體系的民主、人權和自由，我們不能以西方的社會文化背景下的尺度作為絕對的量度標準。

本書的論述，不是出於狹隘的民族主義、史官或教條式的階級鬥爭立場，也不是為了給共產黨或者某幾位領袖做宣傳，更不是為了把中國政府在西方角度下不合理的事合理化，當然也不是凡事以西方尺度來衡量中國。我所講的中國之路，並不是由某個人物、某個集團設計出來然後大家跟隨的道路，而是基於中國人數千年來的文化、自己民族的情況和需要，參考了世界正反的經驗，以及近年各國在政治、經濟、文化、社會、教育等範疇對中國的影響而逐步走出來的道路。這一道路還在繼續。礙於本人有限的學術訓練，本書內容並不是嚴格的學術討論，只是個人幾十年來基於對國家及其歷史的認識和瞭解而建立的一個粗疏認知框架而已，希望能拋磚引玉，以待先進的學者、專家指正、補充。在全球變局下中國發展道路越來越被舉世關注之際，或許本書能引起一些有益的思考。

第二章

中國之路的爭論

中國學派 VS 西方學派

自新千禧年開始，有關中國發展成功經驗的研究已成為全球的顯學，其中又可分為正在興起的中國學派及西方學派。中國學派與西方學派的分歧主要集中在這樣的問題上：西方發達國家某些賴以成功的法則，是否也是中國得以成功的原因？也就是西方成功法則的普世適用性，抑或中國國情體制的特殊性是中國經濟騰飛的原因？中國學派認為，中國驕人的經濟成就並不是在西方奉為圭臬的自由與民主體制、市場經濟下獲致，而是在共產黨的威權管治與混合經濟模式等條件下取得的。這對西方一直奉為核心價值的整套市場經濟、自由、民主理念，衝擊不可謂不大。中國學派並不認同西方對市場與計劃、國與民、政府與社會等西方傳統的二分法，以及實行的體制已達成經濟發展的方式。

類似「中國經濟發展道路」或者「經濟發展模式」之類的話語在 20 世紀 90 年代鄧小平南巡之後，開始出現在中外學術文獻中。[9] 1994 年時任復旦大學教授的王滬寧寫到：「鄧小平在『文革』之後選擇了新的路綫和發展戰略……這也是一種發展模式，或者說找到了中國發展比較適當的模式。」[10] 到了 21 世紀，「中國模式」這一概念開始在多國政治人物和決策者中間流行起來。[11]

---

[9] 江金權：《「中國模式」研究——中國經濟發展道路解析》，北京：人民出版社，2007 年第 1 版，第 367 頁。

[10] 王滬寧：《政治的人生》，上海：上海人民出版社，1995 年第 1 版，第 194 頁。

[11] 鄭永年：《「中國模式」概念的崛起》，《聯合早報》，2004 年 4 月 2 日。

2004 年，英國智庫外交政策中心（Foreign Policy Centre）發表一篇名為《北京共識》的論文，作者約書亞·雷默在比照「華盛頓共識」的基礎上，分析中國經濟模式及經濟成就，進而提出「北京共識」。[12] 這篇文章隨後引起強烈反響。「華盛頓共識」是 1989 年由彼得森國際經濟研究所（Peterson Institute for International Economics）的高級研究員約翰·威廉姆森（John Williamson）在總結拉美經濟改革後提出的十項新自由主義政策建議，包括加強財政紀律、削減公共補貼、稅制改革、市場化利率、競爭性匯率、貿易自由化、外資自由流動、國企私有化、低監管、保護私有產權等。[13] 這套政策可以總結為「大市場、小政府」，並很快成為拉美國家和許多其他發展中國家的範本。雖然「華盛頓共識」開始是着眼於經濟領域，但隨後擴展到包含自由民主等意識形態範疇，成為後來蘇聯和東歐轉型時所使用的「休克療法」的基礎。但是，接納並採用「華盛頓共識」的國家在經濟發展、政治社會穩定上表現得並不好。

雷默先生的「北京共識」有三個特徵：堅持創新和持續改革；強調可持續發展和平等，而不是把人均GDP作為衡量發展的唯一標準；堅持獨立自主。雷默先生的這一極具爭議性的觀點在全世界引發一場關於中國是否提供了一個新模式的辯論。中央編譯局世界所的學

---

[12] Joshua Cooper Ramo, The Beijing Consensus, The Foreign Policy Centre, 2004. http://fpc.org.uk/fsblob/244.pdf，瀏覽日期：2010 年 11 月 8 日。

[13] John Williamson, 'What Washington means by policy reform', in John Williamson, ed., LatinAmerican Adjustment: How Much Has Happened (Washington, DC: Institute for International Economics, 1990).

者遠山認為，「華盛頓共識」失敗的重要原因，是它認為一種發展模式可以適用於所有國家，而「北京共識」則打破這一思維，成為全球既不認同計劃經濟，又不接受「華盛頓共識」，而是試圖探索其他道路的發展中國家的可貴參照。[14] 印第安那大學教授斯科特·甘迺迪把雷默的「北京共識」視為荒誕，因為中國自身都沒有遵循其中的信條。他認為，首先，中國在技術和政策制訂方面沒有甚麼自身的創新，中國人也缺少有創造性的領導。中國的經濟是在模仿他人而不是創新。[15] 其次，中國追求經濟可持續發展和平等的證據非常有限，在經濟發展和環境保護有衝突的時候，中國往往會選擇前者，同時中國的不平等在增長。最後，中國的經濟發展戰略並不獨特，中國的政策和道路與眾多國家互有異同，這些國家中既有自由化程度較高的國家，也有發展中國家。[16]

顯然「北京共識」在不同場合、不同學者的使用中有不同的含義，很多人用這個詞來指代中國獨特的經濟和政治改革中的某一方面，比如實用主義、漸進主義、在經濟發展中政府的重要作用、先市場後民主等等。在這種情況下，越來越多的人直接把中國的發展方式稱作「中國模式」，即在不改變一黨統治的政治體制情況下達到高

---

[14] 遠山：《關於「北京共識」研究的若干問題》，《當代世界與社會主義》，2004年第5期。

[15] 2010年12月5日，英國路透社報導英國藥廠阿斯特捷利康（AstraZeneca）對英國、美國、瑞典、日本、印度和中國六國民眾調查，認為2020年後中國將是全球創新最領先的國家，高過美日，因為中國社會鼓勵創新及投資於創新較美國為先。Reuters, Dec5, 2010, China to lead world in innovation by 2020: survey, http://www.reuters.com/article/idUSTRE6B415620101205，瀏覽日期：2010年12月21日。

[16] Scott Kennedy, 'The myth of the Beijing Consensus', Journal of Contemporary China, 19(65), June2010.

經濟增長的使中國富裕起來的方式，區別於西方的民主政制與市場經濟同步發展的模式。[17]

有關「中國模式」的國內外學者的觀點，如上述的可以粗略地分為兩派：一派從中國國情出發，稱為中國學派，認為「中國模式」適應中國的特殊國情，是中國經濟發展的原因，可以張維為和潘維教授為代表。另一派認為「中國模式」無法取代普世價值和西方傳統的經濟理論，中國的經濟發展源自於逐漸地向西方學習，姑且稱為西方學派，可以陳志武為代表。在這裏先對關於「中國模式」的主要觀點做一個簡單的介紹和梳理。中國學派學者從中國國情出發，認為「中國模式」的確存在，並積極研究「中國模式」，他們多是政治學、國際關係學者。

中國國情派的觀點

復旦大學教授張維為在《紐約時報》的一篇文章中指出中國經濟成功的八個理念。[18]

第一、實事求是。不追求那些虛無縹緲的東西，不再去追求烏托邦形態的東西，有甚麼問題要解決就解決甚麼問題，這就是鄧小平的

---

[17] Suisheng Zhao, 'The China Model: can it replace the Western model of modernization?' Journal of Contemporary China, 19:65, June2010, pp419－436.

[18] 美國《紐約時報》和《國際先驅論壇報》於 2009 年 10 月 1 日中國 60 周年國慶之際，刊登了張維為教授的文章《中國成功背後的八個理念》，見 The New York Times, September 30, 2009, ZhangWei-wei, Eight Ideas Behind China's Success, http://www.nytimes.com/2009/10/01/opinion/01iht-edzhang.html，瀏覽日期：2011 年 1 月 26 日。

說話:「無論白貓黑貓,捉到老鼠就是好貓。」大家很清楚地看到,中國人民需要的是求富和安定,再也不需要如文化大革命那種不安定的、極左的狀態,現在中國政府就是順着民意的方向去走。

第二、民生為大。無論甚麼施政方針也好,人民的生活要求都要放在最高點,一切考慮的政策都是以民生為主。中國已改革開放三十年時間,實現近四億人民脫貧的成績,這是人類發展史上一個重要的里程碑。現在國家又低調地推行全國人民醫療保險和老年人福利金計劃,這些良政都是民生方面的重要措施。

第三、整體思維。思考問題不能只是從一個角度出發,而是全面地思考。今天國際環境變化很快,方方面面都要考慮清楚,否則就很容易亂了套、顧此失彼。中國的發展都是每五年為一個規劃年度,用五年時間準備好規劃才開始執行,學者和政府配合研究提意見,在下一個五年規劃就要調整之前的缺失。所以大家看到中國都是很有計劃地發展,每個階段性目標都明確地按優先次序推行。例如2010年到2020年的整體教育規劃已發表白皮書(諮詢文件),就政府小學、中學、大學、職業和成人教育方面徵求大家意見。這種整體思維方式是中國政府施政的重要手段。

第四、政府是必要的善。政府做好事和推行良政是必要的。西方政治學是假設政府是必要的惡,人民要監督、控制政府。張維為強調政府是必要的善,這和中國文化本身很有關係,因為中國數千年來的文化都強調「父母官」,政府就是百姓的「父母」,打點人民一

切生活上的事，方方面面都要關照人民，當然歷史上很多父母官做得不好。

第五、良政比民主化更重要。民主制度相對各種制度不是最好的也不是最壞的。中國認為做好政府、施行良政比民主化更重要。政府政績的認受性就是最好的人民表決。

第六、政績的合法性。在西方，政府由投票選舉選出才算合法政府，但中國數千年都是以政績優良來產生合法政府，簡單地說，當哪個朝代的政績不能延續時，那就肯定它沒有合法性了，於是人民要造反推翻政府，也是上天的授權（天意），這是中國歷史的發展邏輯。相反，如果施政很好、人民生活無憂、社會安定，政府的施政就有合法性。

第七、有選擇地學習和適應。這個很明顯也是鄧小平的「貓論」，不管是甚麼理論，總之能搞好中國的就拿來用，無效的則丟到一旁。現在中國政府已經把列寧主義和毛澤東思想中不適合現代發展的部份丟到一旁了。大家看看這三十年的改革開放，全國上下都向外學習，不斷地嘗試和接受挑戰。

第八、和而不同。大家有不同意見，但是不需要對抗和打架。中和位育，和而不同，這是儒家思想的治國理念。[19]

---

[19]「中和位育」出自《中庸》：「喜怒哀樂之未發謂之中，發而皆中節謂之和。中也者，天下之大本也；和也者，天下之達道也。致中和，天地位焉，萬物育焉。」「和而不同」見《論語·子路》：「君子和而不同，小人同而不和。」

我個人是這樣理解這八個理念的，張維為認為中國這三十年的成就最重要的兩點：第一是解放思想，不再纏繞在教條觀念上；第二是學習。有了這些理念，中國才能取得巨大的成就。

北京大學的潘維教授提出對「中國模式」的另一種解釋，把它拆解成三個子模式。

第一、國民經濟模式，「國」是指國有資本、公司，「民」是指民營、私營資本和外資公司。國民經濟模式是既有國有又有民營的經濟模式：（1）國家對土地（生產資料）的控制權；（2）國有的金融和大型企業和事業機構；（3）（以家庭和社區企業為基礎的）自由的勞動力市場；（4）（以家庭和社區企業為基礎的）自由的商品和資本市場。

第二、民本政治模式。就是說以民為本施政，所有的施政均圍繞着怎樣使人民喜歡這個社會，也就是我講台灣問題時所說的「近者悅，遠者來」[20]，良好的政績使每個地方、每個中國人都覺得生活好、願意留在這裏。這包括四個支柱來運作國家：（1）現代民本主義的民主理念；（2）強調功過考評的官員遴選機制；（3）先進、無私、團結的執政集團；（4）有效的政府分工制衡及糾錯機制。

第三、社稷社會模式。社稷是指中國社會的整個結構模式，包括由

---

[20] 葉國華：《五十年後》，香港：中華書局，2008年。

四個支柱構成：（1）分散流動家庭構成社會基本單元；（2）不同的社區和工作單位構成社會網絡；（3）社會網絡和行政網絡互相重合，形成具彈性開放的立體網絡；（4）家庭倫理觀滲透社會組織。

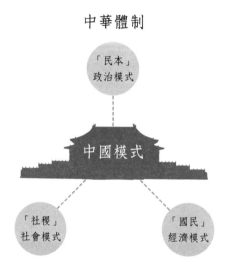

從上面的簡圖，可以看到國民、民本、社稷「三位一體」的中華體制，由三大類共十二個支柱嚴密地組成，民本政治如首腦，社稷體制如軀幹，國民經濟如翅膀。由是，中國模式才能以較低的代價形成動力，後來居上追趕世界發展。在新中國成立以來，前三十年迎風破浪「擊水三千里」，進行政治體制的歷史轉型；後三十年乘着馬克思社會主義模式和美歐模式兩股旋風而上進行經濟轉型。三者缺一不可，否則人民共和國這座大廈就會陷入險境。[21]

---

[21] 潘維主編：《中國模式——解讀人民共和國的60年》，北京：中央編譯出版社，2009年11月。

張維為講的八個理念和潘維講的三個子模式基本上構成「中國模式」的大框架。從理論上說，中國模式的「分工制衡」與西方模式的「分權制衡」在不同的社會政治條件下存在，只要放下先入為主的主觀意識形態價值判斷，可以說誰也不比誰更高明。但是，目前很多人都以西方政治體制作為唯一標準來衡量中國政治體制的進步與否，如潘維所說，「不要總是拿西方的鞋來量自己的鞋，非說自己的鞋不合自己的腳。若強要拿西方民主來量中國民主，中國根本就沒民主可言」。

除了張維為和潘維，還有很多著名學者也有類似的觀點。政治學者、中央編譯局副局長俞可平說，簡單地說，「中國模式」或者「北京共識」，實質上就是中國作為一個發展中國家在全球化背景下實現社會主義現代化的一種戰略選擇，它是中國在改革開放過程中，逐漸發展起來的一整套應對全球化挑戰的發展戰略和治理模式。中國從 20 世紀 80 年代開始，就提出建設「具有中國特色的社會主義現代化」的目標，實際上就是在全球化背景下實現國家現代化的一種戰略選擇。在這三十多年的探索和實踐過程中，中國政府為應對全球化的挑戰，既取得了彌足珍貴的經驗，也付出了沉痛的代價。無論是成功的經驗還是慘痛的教訓，都是十分寶貴的財富，對於廣大發展中國家如何迎接全球化的挑戰、利用自身優勢實現國家的現代化都有着重要的借鑒意義。

俞可平認為，發展中國家應當根據自己的國情，主動積極參與全球化過程，同時始終保持自己的特色和自主性。全球化對國家、民族

的發展有利有弊，究竟利大還是弊大，取決於發展中國家的戰略選擇。發展中國家並不必然是全球化的輸家，而發達國家也未必是全球化的贏家，成功的關鍵在於將自身的優勢與全球化的優勢很好地結合起來。[22]

中國人民大學校長紀寶成認為，以馬克思主義理論為指導的中國社會主義市場經濟的理論和實踐取得巨大成功，這種成功的根本原因就在於從中國實際出發，形成了一條符合中國國情的經濟改革與發展道路，即目前被國內外所高度關注的「中國模式」、「中國經驗」或「中國道路」。中國模式的豐富性、獨創性和深刻的歷史意義是西方主流經濟學無論如何也不能理解和說明的。[23]

普世價值派的觀點

普世價值派並不認同「中國模式」的特殊性，而是從普世價值的角度出發，批判「中國模式」背後的價值取向，或認為中國其實在實踐西方主流經濟理論。這一派別有些人認為中國確實有自己的發展模式，但不看好其發展前途。這一派別在國內主要以接受了西方教育的經濟學家和自由主義學者為主。

其中美國耶魯大學的陳志武認為沒有「中國模式」這回事，他從金

[22] 俞可平：《我對中國模式充滿期待》。人民網，2009 年 12 月 30 日，

[23] 紀寶成、張宇：《堅持馬克思主義為指導，建設具有中國特色的經濟學理論》，《教學與研究》，2005 年第 11 期。

融角度的觀點切入，通過比較西方國家的經濟發展歷程，再審視中國今日的經濟成就，不外乎有以下幾點：

中國經濟改革的具體做法與其他國家雖然有差異，但是基本原理與路向都是相同的，在「自由促發展」的原則下，過去三十年中國每次給予人民增加一點自由，經濟發展就更上一層樓。在改革開放之初，主要以市場經濟為主綫，如老百姓可以自由選擇農田種甚麼農作物，企業可以自行決定生產甚麼產品，這些措施將主動權還給老百姓，啓動了巨大的生產動力，中國經濟由此得到快速發展。

其次，資本化是第二個重要因素。自上世紀 90 年代開始，將「死」的財富如土地等資源（包括天然資源和債券等），通過各種資本化手段調動起來，從而增強了資源配置的效率，降低資源配置成本，最後增加了創業資本和機會，使財富再創造能力得到更充分的發揮。[24]

由此，陳志武總結中國的發展在普世價值下，並無本身的模式，高速的經濟發展，很大程度上是通過模仿和引進西方成熟的技術，有限度地釋放人民的自由度，同時充分利用本國廉價勞動力和豐富的資源才走上今天的局面。[25]

---

[24] 「陳志武：中國經濟快速增長沒有秘密」，中國評論新聞網，http://chinareviewnews.org/doc/1004/1/5/5/100415565.html?coluid=10&kindid=253&docid=100415565，瀏覽日期：2010 年 11 月 30 日。

[25] 陳志武：《沒有中國模式這回事》，台北：八旗文化，2010 年 8 月。

北京大學中國經濟研究中心副主任姚洋認為「華盛頓模式」並不過時，中國經濟的發展需要進一步「去國家化」。他認為，中國這三十年來偉大的經濟成就，正是由於實踐了西方傳統經濟學教科書中的做法，他說「中國過去三十年的改革，其實就是一個市場化的過程，是國家放棄權力，市場獲得地位的過程，中國經濟已經是一個市場經濟了」。之所以在這麼多採取西方經濟政策的發展中國家中只有中國取得了巨大的成就，是因為有經濟增長的「中國模式」，這個模式有四個主要內容：中國的中性政府、財政分權、新的民主化道路和務實主義的政黨。

中國社會科學院美國研究所前所長資中筠認為沒有所謂的「中國模式」，「這是個偽命題」。她說：「中國改革是摸着石頭過河的，摸到現在正好所有這些因素湊在一起變成了這種情況。所謂『中國模式』就是 GDP 增長比較快，實際上就這一件事情，是中國引以為自豪的，而造成這個增長的代價太大，許多因素都是不可持續的，而且會產生很多負面的影響。很多學者也都指出過這點，其中包括破壞環境、浪費資源等。這不是一般的破壞和浪費，而是竭澤而漁。中國的 GDP 中佔很大比例的是房地產經濟，不是高科技的發展提高了社會生產力這樣健康的經濟發展。房地產倒來倒去，地產權都在政府手裏，而土地是有限的，它不是一個無限的資源。」她認為中國經濟的成就被過高的估計了，「我們需要走向以普世價值為基礎的民主憲政」。她說「現代許多人覺得中國模式好得很，並借此吹牛」，認為要看到中國的後發困境，我們要有清醒的頭

腦，繼續向西方學習。她還認為中國的國有經濟是「萬惡之源」，國有經濟不是社會主義，而是「權貴資本主義」，阻礙了中國經濟的健康發展。[26]

「中國模式」也受到中國自由主義學者的批判。清華大學歷史系教授秦暉認為，「中國模式」下的中國政府擁有「社會主義式的權力」，卻只承擔「資本主義式的責任」，而西方的政府只有「資本主義式的權力」，卻要承擔「社會主義式的責任」。「中國模式」是既低自由又低福利，沒有甚麼優越性。他認為中國應該改變，無論是自由還是福利都得向人家學習。政治自由的意義自不待言，經濟自由也還要增加，要反壟斷，改變「國進民退」的做法。[27]

中國企業家對「中國模式」也有自己的看法。曾任招商局集團董事長的秦曉認為，「中國模式」所宣揚的是政府主導的、民族主義支撐的經濟發展路徑、政治權力結構和社會治理方式。它從一開始的「特殊論」正在走向「取代論」，「取代論」則宣稱「中國價值」可以取代「啟蒙價值」。「特殊論」和「取代論」試圖用現代化、穩定、國家民族利益、民生、理想代替現代性、自由、個人權利、民主、理性這些普世價值的核心和基礎，他認為是不可取的。他認為從實現路徑上講，由於初始條件、內生狀況、外部約束不同，後

[26] 「資中筠：沒有中國模式美日若叫好那它們倒實行看看」，鳳凰網，2010年10月25日，http://finance.ifeng.com/opinion/mssd/20101025/2765378.shtml，瀏覽日期：2010年12月1日。

[27] 秦暉：《中國模式既低自由又低福利不認為有甚麼優越性》，鳳凰網，2010年4月6日，http://finance.ifeng.com/opinion/xzsuibi/20100406/2014127.shtml，瀏覽日期：2010年12月1日。

發國家不可能重複先驅國家走過的路，只能另闢蹊徑。但這並不意味着這條道路的指向與現代化社會目標偏離或背離。在這個意義上講，當代中國的命題應該是「秉承普世價值，開創中國道路」，這正是當代中國知識份子的使命。[28]

擱置意識形態之爭，直面中國實情

十多年來，我一直關注着雷默探討的「華盛頓共識」和「北京共識」，以及有關「中國模式」的爭論，可以看到西方話語權下講的發展模式，跟中國今天所走的中國道路有很大的分別。在這個問題上，如果大家可以用理性的態度，擺脫西方民主話語權的束縛，思想就會更開通，可以更深入地看中國的實況。

在國內，如前面所言，就有關問題也有不同派別的學者在研究，如毛派學者、鄧派學者、新馬克思主義派、新自由主義派等。他們從不同的立場和角度去看國家的發展，但 2008 年金融海嘯後，新自由主義派基本收斂起來，本來他們認為中國改革產生那麼多問題，主要原因就是學資本主義學得不夠徹底，現在看來並不是如此。亦有一些國內學者認為，中國目前還存在各種問題未解決，哪有資格講「中國模式」？[29] 在他們看來，中國政治、經濟、社會仍存在

[28]「秦曉：我認為中國模式論不可取」，http://finance.sina.com.cn/review/fxzs/20100727/10008370174.shtml，新浪網，2010 年 7 月 27 日，瀏覽日期：2010 年 12 月 1 日。

[29] 袁偉時：「中國模式？太早了！——答《香港商報》記者顧安安」，《香港商報》，2010 年 2 月 1 日。

不穩定因素，還在變動中，談不上模式這回事。至於中國官方，不熱衷談「中國模式」，可能怕西方社會誤會中國要輸出模式，如前港督彭定康就憂心西方國家會因此失去主導權，「中國模式」的成功會為全球各國帶來深遠影響。另方面，中國官方一直主張每個國家的情況都不一樣，只能走自己的路，也認為中國的發展模式不一定適用其他國家。到 2016 年，習近平提出「中國方案」，且明確說它是為「人類對更好社會制度的探索」而提供的。這樣的說法跟以前講的有點不一樣，看來中國對自己的制度多了份自信、雄心。

無論叫甚麼 —— 中國模式、中國道路或中國方案 —— 在探討時，我們應該儘量擺脫意識形態的爭論，以大歷史結合當今社會、經濟與政治等方面研究的進路，把現階段視作歷史長河的一瞬間，着眼於未來發展。西方的觀點與理論要參考，中國的傳統、國情的研究更要重視。

規模龐大的中國經濟體，已經與世界其他經濟體緊密地聯繫在一起，它的一舉一動會牽涉其他國家。總結中國發展的成績和不足，迎接未來各種可能的變化，這實際關係到全球的福祉，不只涉及中國利益而已。

檢視中國的情況，有個價值與標準問題。從中國的立場，常常覺得外界有很多偏見。如香港知識界，大部份精英都是受歐美標準訓練，在涉及意識形態的普世價值問題上，如自由、民主和人權等，

跟國內的很難取得一致。一個很有趣的現象是中國人瞭解西方多於西方人瞭解中國，很多中國人都可以隨便講出希臘的古哲人柏拉圖和亞里斯多德，或者法國的孟德斯鳩、盧梭以及伏爾泰等西方啟蒙運動學者。相反，西方能夠談論我們中國哲人的學者則不多。這些都歸結於我們近代處於弱勢，話語權掌握在先進國家手中，很多有意無意的偏見由是而起，加上資訊流通被西方壟斷，造成更多理解上的障礙，結果是中國在許多內部和國際問題上都置於被審判位置。要知道全球每天新聞發佈來源中，五分之四來自歐美，90%的國家都是用這些內容，這意味着新聞消息都是由歐美新聞機構控制，其他各種資訊包括娛樂中的67%也是來自歐美，而這些資訊或多或少都代表了西方的立場和價值觀。這樣的現實必然導致世界的輿論多用歐美的觀點來看中國，加上中國百多年積弱而來的民族屈辱與自卑的逆反心理更趨向民族主義的抗拒情緒，亦不能做理性自信的思考反應。東西方的觀點與立場不同，因而雙方在政治、經濟或文化等層面會出現分歧。在西方強勢的話語權壓力下，中國面對巨大的挑戰。不過這些壓力不一定全是負面的，有些可以促使中國進步，促使中國人民獲得更多的人權和自由，也促使中國各種落後和不合理的社會現象得到改善。

由是，我們需要一些不帶偏見的標準以討論中國問題。每個國家的國情不同，標準也不同，究竟要選取哪個標準其實是一個見仁見智的問題。比如在農民問題上，即使中國政府對本國的農民問題也不能透徹瞭解，不懂中文（包括方言）的外國專家又如何能搞清那麼

複雜的中國農村問題呢？瞭解中國國情最大的困難是很多評核資料數據不足，這造成很大的誤讀。舉個例子說，中國農民收入數字統計問題，假若我們把一位普通美國人每天最低消費幾十美元套用到一位中國農民身上，你便覺得中國農民很慘，因為他們每天只有兩三美元甚至不到一美元收入而已。但你要知道，中國人口中有八億多是農民，農民日常食物和消費物資都可以由農村原居地取得。因此，那幾美元收入只是他們的純收入，如果把其他開銷計算在一起，相信應該不可能那麼低。所以在做農民研究時，我們會發現西方世界很多學者或評核機構都有這些誤讀盲點。研究中國農村和農民問題，相信是今後世界社會學的一個重大新課題。世界銀行聘任林毅夫為高級副行長是一個學習、瞭解及認知中國的好辦法，相信會讓世界各國更加瞭解中國農民問題。

再看中國國情的變化，對比歐美各國的情況，大家或許有些體會。近年美國就醫療改革進行激烈辯論的時候，中國政府公佈了 8500 億的「初步普及全民醫療計劃」。這是中國用自己的方式解決一條世界都有的醫療保險難題，但中國講這件事時很低調，大概沒有多少人留意。[30] 又比如 2009 年中國政府宣佈 60 歲以上的中國農民可以拿養老金。[31] 從 1978 年包產到戶，到近年的《物權法》，中

[30]《中國正式啟動覆蓋 13 億人口的龐大醫改計劃》，新華網，2009 年 4 月 7 日，http://news.xinhuanet.com/newscenter/2009-04/07/content_11144613.htm，瀏覽日期：2011 年 1 月 26 日。

[31]《我國農民 60 歲後將享受國家普惠式養老金》，新華網，2009 年 8 月 4 日，http://news.xinhuanet.com/politics/2009-08/04/content_11825177.htm，瀏覽日期：2011 年 1 月 26 日。

國把全國農村土地歸還給農民，讓農民自由使用土地，並在不同地區實驗各種不同經濟組織形式，又派大批年輕大學畢業生去當村官，協助農村知識化的經營管理，把知識、文化、網絡帶到鄉村，其中長江中下游最為創新。這意味着中國農民已經具備開掘第一桶金的資源。這為中國農村現代化、農民國民化，開發中國國內消費市場創造了條件，對中國及世界都會帶來巨大的影響。這種措施中國政府沒有刻意張揚，而是一步一腳印地走其社會主義新農村的道路。若外面的人沒有掌握這些情況，就不真正瞭解中國農村的情況。

就算中國學者，尤其是時下一些留學若干年回來的年輕學者，接受了西方理論訓練，滿腦子的西方標準，對國情前沿與實地調查又不足，對國家的歷史、文化、社會發展認識不夠深入，最後還是困窘於一知半解、知其一不知其二的處境。

恢復過去的常態地位

中國在過去三十多年取得的成就，不光是經濟高速的增長和貧困人口巨大的下降，還有社會的相對穩定、新社會文化價值思維的日漸普遍。在經濟增長方面，曾經有三十年中國的年均 GDP 增長率是9.7%，達到七八年翻一番的驚人速度。在未來幾十年中國經濟也很有可能保持一定的增長速度，到 2035 年中國的 GDP 可能會超

過美國，成為世界第一大經濟體，中國在世界上的地位就會回到過去千年的常態地位。[32]

世界經濟史學家麥迪森教授的推測數據表明，如果將整個世界史推回三四千年前，中國在很長一段時間裏國民生產總值佔全球三分之一左右，在當時的全球經濟狀態裏可稱得上是第一大國，期間古印度曾與中國交替領先，這個狀況一直維持到清朝中後期。那麼我們要復興中國，就需要用充足的時間，2049年我們的GDP能否佔到全球的30%，現在並不是那麼樂觀，因為那時全球經濟規模已經增大許多倍，我們是否能夠達到漢、唐、宋、元、明時相對世界總量的經濟狀況並沒有把握。能夠復興回到我們應有的位置是不錯的，為此中國人要付出很大的努力。從新中國1949年建立，在經濟意義上大概可以跟1868年日本的「明治維新」開始時類似，即是說中國從1949年起經濟發展才開始向上爬坡。今日中國的發展趨勢，大可以清朝乾隆時期為參照點，當時大清是一個世界性帝國，而非僅是東亞一國。乾隆擴大了中國的版圖，他自己說，十全武功中，對內的戰爭不值一提（如鎮壓白蓮教），重要的是對外拓邊的戰爭。而乾隆時期，文化藝術十分發達，一方面是由於他學識淵博，鑒賞力很高，是一個有世界級品味的收藏家（後世瓷器、繪畫等都以乾隆時期為標榜），另一方面也是當時的國力使然。軟實力的提升，也應是中國現時努力的方向。

---

[32] 1842年前的千年中國因人多地廣一直與印度在全球經濟總量中處於第一或第二的位置（安德森‧麥迪森經濟史研究資料），故稱千年常態。Share of World GDP, 20 Countries and Regional Totals, 1-2001AD, Angus Maddison, The World Economy: Historical Statistics.

2009 年 9 月國慶日之前，國家統計局的研究報告公佈，2008 年中國人均年收入是 2770 美元，全國的 GDP 是 3.86 萬億美元，約等於 30 多萬億的人民幣。這個數字等於美國的 27.2%，等於日本的 78.6%，所以有人預測中國的 GDP 可能很快就超過日本。[33] GDP 超過日本，那麼我們就處於世界第二的位置，可以稱得上是美國的對家，但按照世界銀行的標準，中國仍然屬於收入中等偏下的發展中國家，即是說我們熬了那麼長時間，至今和世界公認的發達國家還相差一百年。

1978年-2015年中國國內生產總值(GDP)統計數字

資料來源：中華人民共和國國家統計局

---

[33] 日本政府於 2010 年 8 月 16 日承認，根據是年第二季度的 GDP 數值顯示，按照美元匯率換算，日本 4 - 6 月的 GDP 總值為 1.2883 萬億美元，而中國在同一時期的 GDP 總值為 1.3369 萬億美元。日本已被中國超過。對此，中國國內的普遍反映是「喜憂參半」，認為中國作為新進的世界第二大經濟體並不等於第二大經濟強國，尤其是中國的人均 GDP 不到日本的十分之一。

根據過去國家統計局的報告，新中國六十年來的 GDP 增長一直維持着平均 8.1% 的增長速率，前總理溫家寶那麼着重「保八」就是這個意思，合格綫就是 8.1%。大家可能不理解為何「保八」那麼重要，其實質是因為六十年來我們一直保持着平均 8.1% 的增速，如果今年未達到，就相當於低於六十年的平均值，這樣就表明國家政府的工作沒有做好，這些是要交代的政績，所以 8 這個數字後面牽涉到很多背景資料，不是那麼簡單隨意算出這個數字的。世銀預計 2020 年，倘若美國的 GDP 有 109 個單位，日本大概有 43 個單位，可以看出美國比日本高很多，而中國會有 140 個單位，超過美國不少。儘管大家都看好中國的發展，但溫家寶總理有個很重要的方程式來讓大家對國家當前的形勢保持警醒，就是一件好事除以 13 億人口就沒甚麼大不了，一件壞事情乘以 13 億人口結果就會壞到透頂，所以我們一定要謙虛地看待國家的高速發展。

要談中國的文明復興，就要從近兩百年來看，不能只聚焦在新中國這六十年。從 1842 年鴉片戰爭結束到 2042 年的兩百年時間，前一百年有許多不同信仰的人在做事情，晚清的曾國藩、左宗棠和李鴻章到國民黨的孫中山、蔣介石以及共產黨的毛澤東、鄧小平等人都參與了復興事業。這百年復興之路特別不簡單，法國大革命和美國的獨立都曾經歷了戰爭才建立起政權，所以中國走現代化過程中，也很難避免對抗和紛爭等局面。中國人口有十多億，佔全世界人口的五分之一，中國的復興對全世界都有好處。大家也不要過分地用民族主義來看國家的歷史和屈辱，向前看這一點就可以看到更廣闊的視野和未來。

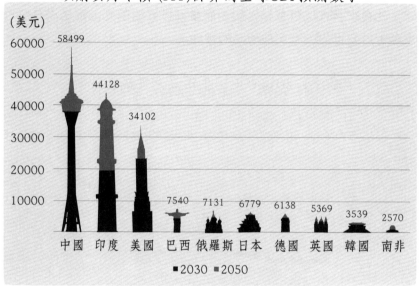

以購買力平價 (PPP)計算的全球GDP預測數字

（美元）

	58499	44128	34102	7540	7131	6779	6138	5369	3539	2570

中國　印度　美國　巴西　俄羅斯　日本　德國　英國　韓國　南非

■2030 ■2050

資料來源：普華永道對2030年及2050年的預測

上圖的預測數據顯示，到2050年，世界各國排名依次為中國、印度、美國和巴西等。這是高盛公司以2006年各國的GDP為基數所作的推算。所謂經濟實際上就是人民的生產與消費的總帳。由此可見，只要世界變得相對公平，沒有百年前大規模的殖民掠奪和戰爭，人民能夠正常地生產和消費，而且科技生產力水準相差不大，人口多的國家其經濟總量自然就會增加。在今天全球化的環境中，資本沒有國界，如水往低處流一般向資源、勞動力等成本低廉的地區自然流動，科學和技術也沒有國界，會通過教育、留學、交流、技術轉讓等方式自然地向落後地區傳播，因此，人口大國只要達到

一般的現代教育水準，社會管治方式方法相對均衡、合理，其經濟總量就會跟其人口數量相匹配，而達到世界的前列。這是沒有殖民掠奪，以及世界大戰大破壞時的常態。

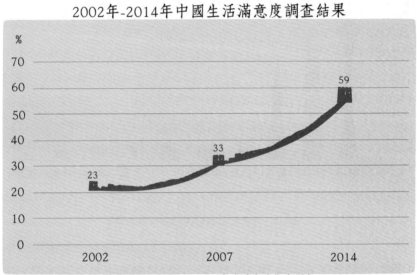

2002年-2014年中國生活滿意度調查結果

資料來源：皮尤(Pew)2014年春季全球態度調查

另外，根據「Pew Global Attitudes Survey」對24個國家的調查，80%的中國國民對政府在經濟及整體方面的工作表現滿意，65%的中國國民認為中國政府做了正確的事。這是很重要的資訊，人民對自己國家的信心反映了國家的穩定性。

從以上各組數據可以看出，在不帶偏見、不把個別人與個別事件刻

意放大的客觀理性觀察中，中國政府在經濟、民生，以至國際地位方面，近年皆有很大的進步與提升。對這些成就有各家各派的解釋，其中有因學理、認知與經驗造成的分歧，也涉及中國與西方對話語權的爭奪。若以中國國情抑或西方主導的普世價值的取向來看「中國模式」，我是傾向前者的。

充滿向前動力

討論中國的發展道路，就不能不問：中國人近代以來這麼奮發向前，他們的動力來自哪裏？中國人這近百年做對了甚麼？

第一是擺脫屈辱，並為此組織起來。自鴉片戰爭失敗以來，國家受盡欺凌，從以前被仰視為天朝大國，到之後遭鄙視被稱為「東亞病夫」。人民對擺脫屈辱的強烈希望，形成推動國家向前的巨大力量。因此，中國的仁人志士先後組織了不同的運動及各種社團與政黨，其中成功地組織了國民黨，以及更成功地組織了共產黨。有了這樣的核心，才能凝聚 13 億人口，建立方向、領導、理論、戰略、戰術與決策。

第二是要求國家強大，特別是發展科技。2010 年上海世博會企業館的場所是在建於清末洋務運動期間的江南造船廠。當年建立這些現代工廠的目的，就是要跟世界接軌，提高科技水準，追趕先進國家。這是全國人民，尤其是知識精英的願景。進入 21 世紀，中國

全民創新，以追趕世界最先進科技水準的雄心與成果，產生了不可估量的生產力及跨越式發展。

第三是向外學習。從清末至今，眾多有志的年輕人留洋學習，體現了歷任中國政府向外學習的急切願望。即使 1989 年「六四」事件後，中國繼續開放海外留學。海歸派帶回新知識、新觀念、新技能，是一股推動國家發展巨大的能量。

第四是對物質生活嚮往。國家落後貧窮，使國人求富心切。改革開放初期，鄧小平要讓一部份人先富起來。人民由最初追求「小三件」（手錶、單車和衣車）、「大三件」（雪櫃、洗衣機和電視機），到如今追求頂級紅酒、國際名牌服飾。在對物質生活嚮往中推動了經濟內需的發展，形成一股巨大的市場能量。

第五是政治運動的效力。從建國初期的「反右」到文化大革命等政治運動，一方面對經濟、社會，以至個人造成很大傷害，但卻吊詭地有助於全國解放思想。中共從錯誤、失敗中得到教訓，從極左思想跳脫出來，敢於創新探索。這「逆反」思維推動了全民革新求變。

第六是國際壓力的後果。建國初期，先是美國為首的西方陣營的圍堵，後來跟蘇聯交惡，令中國民眾與政府更加團結，以應對外國壓逼，也促使各界精英對國家前途抱有使命感，希望為國家做出貢獻。如錢學森等優秀的科學家，當年不怕艱難從美國跑回中國參加

建設。西方對中國的貿易制裁與技術封鎖，迫使中國無可依賴，只好自力更生，讓自己發展起來。善於利用國際壓力推動自己的進步，中國創造了全世界沒有的獨立自主、自力更生的完整工業體系。

中國人近代以來追求國家民族富強的過程可歌可泣，我用五個人的形象作代表加以說明。

第一位是李鴻章。他的時代是清末，中國被列強欺負得抬不起頭來。他代表了被打倒在地的中國人力爭站起來的形象。用他的話說，他是中國這所破房子的裱糊匠，貼貼補補，捱得一天是一天，先求保主體不被分割，邊緣地區顧不了，朝鮮、台灣、越南、沖繩相繼喪失，甚至東北也幾乎不保。他曾被指責為賣國賊，因許多跟列強簽訂的條約都是他經手的。但以他那個時代的國內外環境看，他應該是在無奈與悲痛的心情下簽約的。他留下一句說話：安知百年後我們的後人無力收回故土？

第二位是毛澤東。他以一個有自尊的窮人的形象向世界宣示：中國人民站起來了。這個願景在他身前與身後逐漸實現。隨着中國社會更加注重公平，相信毛澤東的形象會重新在中國社會得到強化。

第三位是鄧小平。他代表力爭溫飽的中國人形象，調整內外路綫，走出國門，與世界交往。

第四位是胡錦濤。他穿着整齊、但有點不自然地走進世界社交圈子，要應對國際輿論壓力。

第五位，可能是習近平。我希望他能代表中國人負起世界持份者的責任，受到廣泛尊敬。

在本章及前一章，我介紹了中國道路的提出與有關爭論，並談了自己對有關問題的看法。在以下幾章，我將就中國之路在整體，以至社會、經濟與政治方面進行討論。

第三章

中國之路綜論（上）

界定中國之路特徵

孟德斯鳩：一國之憲法，反映一國之民風。

—— 《論法的精神》

唐德剛：中國這第二次大轉型試名之曰「歷史三峽」。我們要通過這個可怕的三峽，大致也要歷時兩百年。自一八四零年開始，我們能在二零四零年通過三峽，享受點風平浪靜的清福，就算是很幸運的了。不過不論時間長短，「歷史三峽」終必有通過之一日。這是個歷史的必然。

—— 《晚清七十年》

毛澤東：我們已經找到了新路，我們能跳出這週期率。這條新路，就是民主。只有讓人民起來監督政府，政府才不敢鬆懈。只有人人起來負責，才不會人亡政息。

—— 與黃炎培對話[34]

邱吉爾：沒有人宣稱民主是完美的或萬能的。其實，眾所周知民主是很糟糕的政體，但歷史上還沒有其他體制比民主更好。

—— 1947 年 11 月 11 日在下院的演講

鄧小平：不管白貓黑貓，逮住老鼠就是好貓。

—— 摘自 1962 年鄧小平《怎麼恢復農業生產》講話

[34] 黃炎培：《延安歸來》，上海書店：《民國叢書》，第五篇，1945 年，第 64 頁。

胡錦濤：堅持以人為本，樹立全面、協調、可持續的發展觀，促進經濟社會和人的全面發展。

—— 2003 年 10 月中共中央十六屆三中全會

習近平：鞋子合不合腳，自己穿了才知道，一個國家的發展道路合不合適，只有這個國家的人民最有發言權。

—— 2013 年 3 月 23 日在莫斯科國際關係學院演講

我們試圖用下面的話語來概括「中國道路」：

立足於三千年傳統文明的時代新解；綜合採用了世界三百年的文明精華；經過一百七十年七八代人的奮鬥、積累、試錯，及六十多年共產黨轉型的努力，在中央集權統籌領導下，加上此後四十年的修正；以經濟發達、人民生活改善、社會穩定等政績為其社會、經濟、政治管治模式及世界觀。

在這裏我要對這個定義中的內容作解釋。所謂「傳統文明的時代新解」，強調傳統文明對中國人的影響，這種影響是穩定的，但又隨着時代的變遷而有所不同，因此，每一個時代都有其對於傳統文明的新的理解和側重。正是傳統及其解釋塑造了中國人的心性，形成了今天的文化，正如孟德斯鳩所說，「一國之憲法，反映一國之民風」，人民的性格與政府的性格是互相匹配的。法國、英國、俄羅斯、印度都有自身的文明，亦在此基礎上形成了不同的管治模式。即使同為民主國家，美國、法國、德國、日本的管治模式也有很大

的差異。中國形成今天的發展道路亦與其自身的文明傳統有着不可分割的關係。

「三百年的文明精華」主要是指啓蒙運動以來西方先進的思想與知識，政治、經濟、科技的理論與實踐，與資本主義市場經濟相配套的體系，大概就是從牛頓、洛克、伏爾泰、孟德斯鳩的時代，經歷了英國大憲章運動、工業革命、美國獨立戰爭、法國大革命、美國南北戰爭，直到今天歐美所發現、發明或創造出來的一切先進知識與制度的總和。

我又強調一百七十年來中國經歷了七八代人的奮鬥、積累、試錯才有今天的成績。這是一個無數仁人志士、各黨各派前赴後繼地努力探索、向各個不同方向試錯、既有「文鬥」又有「武鬥」的有血有淚的過程。今天的中國道路不是外部移植過來的，而是這一百七十年來中國固有的傳統文明跟西方現代文明發生碰撞、交流、融合後自主選擇的結果，它不是某個人物、某個政黨憑空想像、憑空製造出來的。這一百七十年中間的每一代都處在一個變化的過程中，並沒有純粹的「守舊」或完全的「創新」，即使那些被歷史視為保守的人物，其實也都是處於「新舊交替」的過程中的。這裏有兩個例子可以分享：大家都知道的晚清袁世凱，他本身就是一個很受爭議的人物，但他很主張「女學」，即女子受教育。他曾帶着一妻八妾在天津公開上學，引來很多人的注視，我們應如何評價呢？又如慈禧，我們一般看到的都是國民黨時代的記述，她形象頗為負面。但

如果看看晚清時期美國《紐約時報》的報導，就會發現，慈禧曾三次下禁令，要求廢除婦女纏足，但漢人官員一概不理這個禁令，最後慈禧被迫附加一個條例，就是凡漢人官員擢升時，如果發現其家中有女性纏足的話，即罰免官。所以，慈禧是甚麼樣的人呢？是保守？還是革新？同樣地，我們看今天中國的發展，一樣會同時看到很多對立的問題，這同樣也是一個新舊交替的過程，請大家不要忘記總體的發展。

「共產黨轉型」是一個痛苦的、到處碰釘子的過程，是向西方（德國、俄國馬列主義）學習、對自身傳統否定又肯定的辯證過程，改革開放後主要是放棄了列寧主義中階級鬥爭的觀點，黨的性質從階級鬥爭的革命黨轉向全民精英黨、執政黨，政府功能從管治型轉變到服務型，其理論指導由馬列主義轉變為混合理論，形成了混合的政經體系。

「中央集權統籌領導」，就是大陸常說的「全國一盤棋」，決策及施政要照顧到全國各種複雜的情況，而不能偏於一方。中國面積這麼大、人口如此之多，各個地方的文化、資源稟賦、經濟發展水準都有差異，中央首先要有管治效能，其次要有重點、有計劃、有步驟地「盤活」全國這盤棋，使如此大規模的國家能夠整體上振興，資源有效公平分配，並加上大數據等資訊科技的協助，有效減少貪腐。據我對全球各國的觀察，一個國家的人口數量、規模不可能對其經濟制度沒有影響。中國一直有中央集權的傳統，秦漢唐明清，

尤其清朝的國家版圖和全國各地的複雜情況跟今天差不多，而清朝在康熙乾隆時期治理得相當成功，有很多地方仍然值得今天的中國借鑒。要認識今天中國的崛起，一定要瞭解乾隆時代的社會政治文化狀況及其特色。就中央集權統籌領導而言，今天的中國管治模式乃是植根於傳統的「治天下」模式，當然在現代世界又有了新的發展。中央集權制度與歐美式選舉制度各自的利弊同時存在，若參照2017年為止的世界形勢的話更加明顯，只不過中國做了自己的選擇。

「此後四十年修正」，從現在到2050年，中國道路一定還會不斷地修正。中國作為一個學習型的復興文明國家，必定會在實踐中向世界學習。全國人民、各類機構都會參與其發展、演化，而在世界各國對中國施以影響的組織或個人，都會為中國發展貢獻力量。

「政績」相當明顯，但中國發展仍然處於粗獷型階段，積存了大量問題，如環境生態破壞、高耗能、社會不公平等。但中國畢竟在一代人的時間裏讓經濟高速發展、人民富起來、抬起頭，奧運和世博等國際盛事提高了中國人的自信心。

「中國道路」的主幹，是圍繞着中國共產黨領導下的多黨合作制，其中包括中共的性質、任務、理論指導和管治模式等，如果離開中國共產黨去談中國道路，是談不下去的。由於中共長久以來受到西方話語權的扭曲和醜化，加上它本身在歷史上犯下的錯誤，導致許

多人仍然視中共為獨裁、無民主、無自由、暴政等。但我認為這是不客觀的，正確的態度是，若共產黨有政績，就應該肯定，也要看到共產黨有效的轉型，就是從階級鬥爭的思維格局轉型到吸納民族精英的管治格局。江澤民提倡「三個代表」，把共產黨從階級政黨轉到人民精英的政黨（有人認為是全民黨）。現在不管是資本家或其他身份的人，都可以申請入黨。從革命政黨轉型到為全體人民的執政黨，這個轉型非常關鍵。[35] 此外，江澤民成功地實施了和平交班，雖然過程不算透明及公開，但形成這種和平交班的規範，避免了因爭權流血而傷害人民。

中國道路現階段的推進，包括思想、社會、經濟、政治等方面的嘗試與努力，我將之總結為七個創新式實踐：

一、以混合理論作指導

二、以混合經濟作實踐

三、以混合民主作管治

四、以以民為本作目標

五、以科學試錯作檢驗

---

[35] 一些學者指出，中國錯過了幾次現代化的良機。當日本搞明治維新的時候，清朝政府沒有主動改革的想法，等到被迫改革的時候，又不得其法，加上時機倉促，矛盾積累太多，導致改革失敗；民國想主動改革，但沒有一個強有力的中央政府，面臨外敵入侵（分裂、內戰、日本侵略）；1949年中共建國後有了強有力的中央政府，但前十幾年學的是蘇聯，後十年是文化大革命。只有在鄧小平復出後，中國才得到一個既有強而有力的中央政府，又有主動改革的勇氣，世界環境又比較和平友好的時機，於是乎各種傳統的、現代的積極因素在近三十年的發展過程中積聚，逐漸合成一個「中國模式」。跟印度、前蘇聯、其他發展中國家相比，「中國模式」的一個顯著特點就是有一個強有力的中央政府，能夠持續數十年有條不紊地進行統籌規劃，引導這個大洲規模的大國一步步地邁向富強。而這個強有力的中央政府，其核心是中國共產黨。看不到這一點，就看不到「中國模式」的關鍵所在。

六、以中央集權作統籌

七、以建立學習型社會作推進

以混合理論作指導

過去一段時期，影響中國發展的一大阻力，是其義無反顧地追隨某一個思想理論的排他態度。最近六十年是一半時間獨尊「馬列毛」，否定其他的理論和學說，這是我親自經歷過的，與中國古代「罷黜百家，獨尊儒術」可謂一脈相承。轉變到今天，中國總算走出這種排他的困局，創造出「混合理論」模式。這個模式最著名的講法是鄧小平的「貓論」，即「不管黑貓白貓，捉到老鼠就是好貓」。鄧小平帶頭改變過去獨尊「馬恩列斯毛」的做法，倡議「能夠使人民生活得到改善，能夠使社會、經濟、文化得到發展的理論，就是好理論、就要加以學習」的觀點，這是鄧小平的思想。我這輩人都很清楚，打破理論禁錮是很重要的。在上世紀六七十年代甚至八十年代的時候，還要講姓「資」還是姓「社」——在剛剛開放改革的時候，有一個很著名的討論，即中國現在究竟姓「資」還是姓「社」？是資本主義還是社會主義？鄧小平的回答就是「不管白貓黑貓，捉到老鼠就是好貓」；「不論姓資姓社，只要能促進經濟發展的政策中國就採納，發展是硬道理」。另外一個很重要的說法是「實踐是檢驗真理的唯一標準」，即是說無論你講甚麼理論都好，你做了之後的效果是否對人民有利？人民是否得益？是的話就是真理，這個在西方有一個講法，就是「存在就是合理」，只要能

夠生存下去發展下去就是真理，如果不能夠生存，講甚麼理論也是沒用的。胡錦濤、習近平這一代領導人的觀點，則是「中國要集中學習全世界最先進的、最有益於世界人民發展和進步的所有的精粹」，這等如打破了很多的界限來解放思想。這種混合理論模式，確實是促進中國發展的一個關鍵，是談到中國道路時一個十分重要的問題。

很多人較少接觸理論方面的探討，覺得這些問題沒有那麼重要，其實這個問題非常關鍵，因為中國人的思維首先是要有一個指南針，然後按着指南針做事。從公元前商鞅變法的《商君書》，到秦統一前的《呂氏春秋》，到以儒學理論為指導的兩千年「外儒內法」的管治模式，都可以見到，中國人有着重以思想和理論指導並監察行動的傳統，是以理論方向為行動方向開路，並以理論確立意識形態的合法性。

在過去很多年間，大家談到中國社會主義與中國的制度時，經常會說「中國特色」，但究竟中國特色體現在哪裏呢？我認為一大特點就是混合理論模式，它吸納人類歷史上許多理論的精華，並融化在自己的管治裏，變成自己管治行動、社會行動的準則。即使這些準則今天尚未能完全落實，但按着這些理論方向即「手指的方向」發展是重要的，承認並與各種普世理論接軌是重要的。這是一個很重要的方向。

講到這裏，有人可能會質疑：中共執政黨現在不是很重視思想引導，中國不是沒有思想、政治上的自由嗎？是的，這看來是一個很矛盾的現象，因為混合理論模式最需要的是思想自由，而中國在這個問題上，似乎並沒有完全開放。儘管大家可以在學術上談論國家的管治，但卻不可以在組織上、行動上做出一些對中國管治不利的事情。在出版自由方面，報紙、電視，以至網上傳媒都有不少限制；相對而言，學術界的自由大些。在大學裏、研究單位，研究甚麼都可以，但在社會上發表的言論就有所控制。所以，中國社會還是不斷地吸收世界各地先進的思想理論。當然，當局十分關注理論對行動的影響、對社會穩定的衝擊。

混合理論模式包含很豐富的內容，下面我具體來講。

第一、混合過去三百年歐洲啓蒙運動之後西方社會的各種先進理論，伏爾泰、孟德斯鳩、法國大革命、工業大革命和美國獨立運動的思想都包括在內。過去三百年來，世界發生了三件指標性事件：工業革命、法國大革命、美國獨立戰爭，促成了世界的劇變。很不幸，當時中國沒有跟上事件發生時的趨勢，在乾隆前後關上了自己的大門，那些新理論、新思潮、新發展都與我們擦肩而過，直到人家已經成為強勢時，才驚覺已無法抵擋他們的堅船利炮了！後來我們淪為半殖民地，受到侵略，都與此關係密切。有鑒於此，混合理論最基本的一點，就是要好好學習三百年來全世界最先進的理論，

用曾任國務院總理溫家寶的話講，就是我們應該學習和繼承世界人類的文化遺產。

第二、混合市場經濟私有制和計劃經濟公有制的理論。把亞當‧斯密和凱恩斯為代表的資本主義理論與實踐，混合在中國發展道路中的計劃經濟與公有制的理論與實踐裏面。

第三、混合馬克思主義的社會主義理論。在新中國早期表現為極端集體主義的馬克思主義，在上世紀 90 年代蘇聯崩潰後的開放改革那段時期，幾乎被全盤否定，社會因而面臨失去方向與信仰的危機。後來大家發現，世界很多地方，特別是北歐，並沒有放棄社會主義，且頗為接受社會主義裏公平、公正、均富的思想。加拿大、美國、英國以及法國等先進國家的施政也參考社會主義的一些原則。其實，中共執政以來都力圖結合實際情況應用馬克思主義，毛澤東、鄧小平、江澤民、胡錦濤及習近平對馬克思主義的不斷修正，使其融合在新中國六十多年的發展體系中，尤其體現在中國的計劃經濟及政府在經濟體系集權管治的功能中。

第四、混合中國的傳統思想。這裏所指的是從春秋戰國到清朝瓦解這兩千多年間形成的中華文明體系。這一點我要特別向大家強調，尤其是向講授歷史、文化的教師和喜歡文化藝術的朋友強調，我們國家因為近百年來積弱，大家都把所有問題歸咎於中華文明傳統，輕易地將中華文明傳統一筆抹殺，以負面的眼光看待我們的文明傳

統。比如家長制，巴金先生的《家》、《春》、《秋》就把它描述成封建落後和腐敗的。我希望通過闡述，讓大家重新認識中華文明傳統，搞清楚中國的腐敗與落後，是否全是中華文明傳統造成的？我呼籲大家重新反思，這是不是一種成見？從近代魯迅先生對儒家學說的猛烈批判，到柏楊先生講「醬缸文化」、對「醜陋的中國人」的指控，顯示出很多國人對整個中華文明體系都抱持負面的看法，認為中國的文明體系基本上都是要拋棄掉的。用一句西方的諺語來講，這種態度是倒污水連同嬰兒一起倒掉了。對於中國的落後，是不是由中華兩三千年文明傳統造成的這一問題，我認為應該反思。我希望關心這件事的教育界和文化界的朋友認真思考一下。我們當然不是說要簡單地恢復傳統，而是說我們應對中華文明體系有真正的理解，應超越時代局限、給予新解。

第五，混合 21 世紀的思維。這是一種超前的思維，社會上很少人談論。羅馬俱樂部和布達佩斯俱樂部這兩個關心人類前途的智囊團開始觸及這些新思維，可以概括為兩種意識：一種叫做「星球意識」，就是要眼望星空，不要只看着地球，地球只是億萬顆星球中的一顆，微不足道，我們要以這樣的立足點去認識人類和世界；另一種叫做「物種意識」，就是要超脫人類意識，不要再凡事都說人類是萬物之靈，要有物種存亡的危機意識。胡錦濤先生強調的科學發展觀、可持續發展和以人為本的想法，概括起來就是「星球意識」和「物種意識」。中國政府宣佈探索外太空的三步走計劃，我覺得是對的，正如霍金教授曾經講過，如果人類今日不遠望星空，

我們將會沒有前途。溫家寶總理有一首詩叫《仰望星空》，也是講如果一個民族不仰望星空，它就沒有胸襟和未來。這些都是「星球意識」和「物種意識」的具體體現。

以混合理論來看中國發展，凡是適合中國現狀和未來，以及人類未來的，有超前眼光的理論，都會被中國社會、學界和政府吸納。如果上新華網細心看看十六、十七屆中共中央由胡錦濤每月主持的學習班的題目，就會知道內容是多麼的豐富，基本上我們可以由這些內容看出中國今後的理論指導趨勢。要知道這已是堅持了近十年的中央最高層吸收新思維的制度性行為，目前已推廣到省部管理層級，這是全世界少有的政府最高層學習管理的模式。這和以前不同，以前毛澤東時期並沒有這樣系統地吸收各種新理論、新觀點的做法。這也是我對現今中國有信心的原因，因為理論方向對時，中國的發展道路就不會錯到哪裏去，只是給予時間、實踐、試錯、調整的問題。多數西方學者並不瞭解中國傳統上理論引導思想、思想指揮行動的重要性，亦不重視胡錦濤每月學習班的內容，故掌握不了中國的走向。有些學者甚至可能仍然認為，這些學習班只是統治者的騙人伎倆，故不加重視。我不作如是觀，我認為這些理論學習，其實是「手指的方向」，而且是在網上公佈的。這些講課的學者們是有公開著作的。[36] 這是一種凝聚思想力量的方式，民智凝聚後的一種不易逆轉的方向。

---

[36] 中央政治局集體學習從 2002 年 12 月 26 日第一次中央集體學習成為一項制度，差不多四十天就有一次課，引發了國內外的高度關注，學習列表對外公開，參見新華網 http://big5.xinhuanet.com/gate/big5/www.news.cn/politics/ssrc/zzjjtxx/，人民網 http://politics.people.com.cn/GB/8198/156261/index.html，瀏覽日期：2010 年 12 月 28 日。

以混合經濟作實踐

混合理論模式在經濟方面的具體表現，就是「混合經濟」模式。馬克思說經濟基礎決定上層建築，混合經濟模式在中國的形成，產生了混合理論模式這個上層建築，二者互相影響。所謂混合經濟模式，是把社會主義計劃經濟的特點和資本主義市場經濟的特點，各取所長地結合在一起；是用一種非常務實的態度，把資本主義、市場經濟裏面有成效的東西，比如私有制、股票制保留下來，並把馬克思主義計劃經濟裏面的長處，如由政府以控股和政策有目的地引導及節制資本的走向，並透過稅收安排調控等措施，令社會資源公平分配，照顧貧困弱勢者。這種經濟結構模式，主要體現為以國有資本為中心，加上外資和民有資本，三者合在一起而構成的經濟模式，不讓資本無節制地追求利潤。這個模式既用私有制、股票市場的法律來加以保障，又用國有資本作為核心來支撐整個社會的穩定，是用市場的無形之手加上政府的有形之手，配合國有資本的依股權控制的法律規定，形成一個比較均衡的社會經濟模式。當然，在此過程中如何恰當調整國家與民眾財富的比例、行業比例，如何防止官商勾結等貪腐問題，需要國家政策引導，亦是一個考驗。

總的來講混合經濟模式是務實的，是有利於有形之手和無形之手交替控制的，是有利於生產力的提升的。正如 2008 年金融海嘯後，中國很快就吸收美國的教訓，加速通過國有控股上市公司的經營管理，配合國家各種宏觀調控法律、規例，使政策的有效性得到肯

定。這種做法得到國際的關注和借鑒，以作為解決世界金融危機的一種可行方式。

這個做法是否會長遠成功呢？對此，我還未能加以肯定，就看「長遠」如何界定，而長遠也是相對的，中國是朝這個方向摸索中。事實上，全世界都在各自找尋各種經濟模式，英、法、德、日各國也用不同的經濟模式支撐本國的發展，中國也是這樣。

以混合民主作管治

中國當今的管治有一種很強的延續性和全面性，這和世界許多地方不同。在多黨選舉制的社會，一任政府就考慮一任政府的政綱，對於前任政府的事務，特別是不同黨派的，一般的態度是「因為你不成，你錯，所以我代替了你」，於是基本上就會否定前任政府的重大政策。在中國，精英管治有方向性，政策有延續性。這個西方辦不到，美國的特朗普一上台，就將前總統奧巴馬多年談判、耗時費力談成的《跨太平洋戰略經濟夥伴關係協議》一腳踢翻，《巴黎協議》也是如此。多黨制下政策沒有延續性，朝令夕改。一任政府如果有四年或者八年，這段時期就實施自己的政綱，看有沒有成效，政府在任期內儘量取悅選民。對此，一般市民若沒有專家及大量資訊的輔助，根本難以發現問題的長遠副作用，因此政策的延續性和全面性就弱很多。

今天的中國則用一種延續性的全面系統思維去處理問題。這種思維是跨越時間和地理空間的，具延續性的。即是說，不會今天把昨天所做的一切否定。毛澤東、鄧小平、江澤民、胡錦濤、習近平等領袖，都提出過具體的政策，我們看到這些政策的延續性。如果有轉變，這些轉變也會是一環扣着一環演變下去，比如江澤民提出「三個代表」，資本家可以入黨，在作這個本質性轉變之前，其實做了很多的醞釀，之後也做了不少的解釋，這個政策至今仍然延續。

這個延續性的發展成為中國道路很大的特點，能夠達到這種延續性的發展，重點是把精英民主的選舉模式（中央、各省市人大、政協的協商選舉）、普及民主（縣、鄉鎮的一人一票選舉）的選舉模式，以及垂直民主的模式兼收並蓄。所謂垂直模式，是由下到上一級一級地晉升的意見收集模式，是意見收集及人才選拔、上下流動、反覆多次的過程，用毛澤東的說話就是「從群眾中來、到群眾中去」的上下反覆過程，主要體現在全國中央體系中。這種民主過程區別於「個人獨裁」或「小集團獨裁」，是因為有數以萬計的人參與其中。雖然每一管治層級都是由一些精英參與策劃管治的，但在基層的參與卻是普及的。至於三種民主之間如何找出其互補性，中國現在仍處於演化、試錯的過程中，還需觀察。當中人大、政協的選舉辦法及監察職能是未來政制的改革關鍵。但無論如何，垂直、普及、精英這三種民主模式的混合形成中國有延續性的、全面的、有系統的思維，並統一全國數以萬計不同層級的管理精英對政策的理

解，並由他們在具體施政中體現出來。當然，任何政府對人民的承諾都會有落空之處，但中國政府大體上說來是見效的。

在中央統籌和集中管治下，有長期和短期的政策規劃，這都是垂直民主和精英民主下收集民情整理的結果。通過大數據等資訊科技的協助，各級政府及機構的智囊組織的運作，各領域的專題研究、研討會、論壇的舉辦，中央不斷試錯並修正，走向正確的過程。

東亞的文明價值核心是家庭倫理，強調的是多同心圓式的集體利益，但西方強調的，則是個人權益至上。因此，全面性的系統思維，並不適合西方的反對黨的運作模式。如在美國，凡事都要以憲法上的個人權利來說服全國人民及各黨派，個人權利至上成為唯一衡量尺度已蔓延到社會上每個角落，如何平衡個人與社會、國家的利益已成為一個課題，有待先進國家的制度建設去解決。在台灣，政黨之間的糾纏消耗使政令不暢，令經濟及社會發展停滯不前，很可能是華人地區發展西方式反對黨民主政制的反面教材。中國則是在「按照時間、有方向、有空間、有延續性，並且有短、中、長綫的發展，配合市場動向來調節」的一黨統籌的模式下運作，可以使管治成效很快體現出來。近三十年來，上海、北京和深圳等城市的變化速度相當驚人，人民生活普遍改善，新經濟興起，新科技廣泛被使用，可以見證中國道路的成功。

以以民為本作目標

中國道路的另一大特色是以民為本。要以民為本，就要面對民利、民權、民情、民意的壓力，尤其是網絡時代能通過這些壓力測試，就會產生所謂的政績有效性。在世界各國中，人民對政府的政績滿意度，經全球客觀調查所得，中國是最高的。

很多人都懷疑中國共產黨是否真的以民為本，如是真的，就不會有那麼多所謂異見人士被嚴處的事件了。任何一個有管理實踐經驗的人都明白，在如此龐大的管治範圍內，出現一些這樣的案子，現階段是不可避免的。被許多人視為民主自由典範的美國，每天發生多少宗違反人權、自由、民主與公義程序的案例？多少人在無法律援助下給判刑，以至喪失生命？只不過由於佔據了道德與話語權高地，美國不像中國經常處於被審判席上。中國一個異見人士被嚴處的案例可以糾纏多年，是因為美國有不少這種組織與資源及意識形態認同者對此窮追猛打，妖魔化中國。這攸關全球影響力的爭奪，美國輿論矛頭指向從經濟實力第二位追上來的中國。近年也是經濟發展迅速的印度卻沒有怎樣給妖魔化，這顯然跟意識形態的分歧有關。試想想，如果過去三十年，中國的試錯過程中犯錯誤居多，或是如某些組織妖魔化描述那樣，就肯定沒有今天的成就了。

西方的管治，講的是選票的認受性或有效性。要拿到選票，就要先講出自己的施政方針，讓人民選擇，選擇之後就去實施，實施不了

就下台；然後下一任上台，提出另外一個方向，不成又下台。這就是目前西方模式一般被認為比較先進的地方。我們看看歐洲，法國、德國、英國等國家，政治人物團團轉，看看日本，同樣是在團團轉。人民選舉了某個政治人物，不滿了又把他拉下台。老百姓的確覺得有份參與，但發泄了對政府的不滿後，利益卻沒有改善，大家仍然失業！可是，大家對此不會追本溯源，過了就算。我們說政治家常常說謊，其實有時他們也並不是有心說謊，而是因為各種因素做不了主的時候，不得不改變原先的承諾。

中國道路講政績的有效性，也就是張維為教授所講的。政績的有效性同選票的有效性雖然不同，但講政績有效性，政府對民情也很重視，會強化對民意的吸納與民心的掌握。大家只要留意一下中央政府有關中國經濟發展的檔案、報告等，就會發現裏面講到中國的房地產、農村、農民、農民工、貧富不均、環保等很多很多的問題。這些問題及為解決問題而制定的政策與措施吸收了百姓很多意見、看法。外面的人會比較注意內地某些個人或壓力群體向政府提出的問題，維護權益者的活動，如劉曉波等，而且會大肆報導。這對政府的進步客觀上能夠造成促進的壓力，我覺得這些很值得做。傳媒需要故事性強的新聞以促銷路、增加吸引力，而將某些案例放大，有時是無可避免的。但是我亦希望關注中國的人士能知道，中國的很多社會活動裏面，民情、民意、民心對施政的壓力是巨大的，因而政府順應民情的工作、改善措施也是迅速的，對爭取民眾中的多數意見是積極的，對事件中利益持份者的觀點是重視的。有時候政

府的處理方式或有未如人意之處，但我的體會是，政府是認真、負責且有壓力的，用他們的說話是「官不好做」。這些方面外邊的媒體可能沒有多作報導，於是我們只是見到幾件很聚焦的、對民情、民意、民心掌握得不太好的事情，事實上，在整個社會的運作裏面，政府對於吸納民情、民意是重視的，所謂「從群眾中來、到群眾中去」，這個流程是很受重視的。

我自己在中國創辦事業的過程裏，深深感受到中國政府是在受到巨大的民情、民意的壓力下進行施政的，並不是一個不理會民情、民意的獨裁政府。那些釘子戶也好，甚麼也好，他們的民權意識是很高的。比較少去中國的朋友，可能只在報紙上瞭解這些事情，而我們經常去中國辦事的人就會知道，如果我們的業務計劃和當地的民情、民意相左，或者不能夠說服這個地方的政協、人民代表、街道委員會等，我們有很多事會辦不成。內地很多地方已建立公眾聆聽制度，涉及當地居民重大權益的事，都可能召開聆聽會議。我很誠懇地告訴大家，不要把中國政府看成是不顧民意的，我覺得事實絕對不是這樣。

「從群眾中來、到群眾中去」這句話來自毛澤東。這句話很容易被人誤會是用來走過場，但現在社會的民意和民情是很重要的。現在官員也要面對另類「選票」壓力，他們升遷時要過群眾輿論關，還要接受書面或電話記名投訴。這是現今中國的基層官場現象。有關過群眾輿論關，可以我機構在上海的學校門口朝向所引起的糾紛加

以說明。因學校所在地的一個居民投訴校門朝向會影響附近的交通（因校車由此出入學校），當地政府便召開居民聽證會，由專業人員出來解釋為何校門這樣設計，會否對路過的行人造成不便，經居民討論協商後，才予以批准。由此可見，內地民意的力量不可小覷，不一定比香港小。另一例子是某學校建築物玻璃幕牆的問題，一位婆婆打電話到有關部門投訴，說玻璃的顏色反射令她不舒服，於是政府安排學校與居民協商，解決方案有二：賠償光污染帶來的不便或更換玻璃的顏色，最後雙方同意採用後者。

政績認受性有別於選票認受性，西方社會重視後者，但中國是政績與選票兩者交疊運用，一方面強調政績，另方面到某個階段就借助選票。如黨的領導人選，中央黨校舉辦了一個內部有四百人參與的非正式選舉，作民意測試，本來形勢是某候選人領先，但結果三百九十多票投給另一人，顯然民意有傾向，得票多者後來勝出。[37]中央的人事管理是有一套規範的，其中民意起一定作用。

中國政府以政績有效性爭取民意，來增強它的管治的認受性。從效果上說，以貪污為例，我家的菲律賓家務助理也看得出問題。她說菲律賓的貪污是把錢浪費在選票上，到頭來選民一無所有，而中國也有貪污，但她看到中國有很多建設。道理很簡單，地方政府要建

---

[37] 李光耀在 2007 年 11 月 16 日晚接受新加坡記者集體採訪，談到中共十七大選出新一屆領導班子時，認為中共的黨內民主「跨前了一大步」。他說：「習近平和李克強都不是只由領導人指定，他們是由三百多人共同決定。這也包括另兩位新常委 ── 周永康及賀國強。」人民網，2007 年 11 月 21 日，「李光耀談習近平：曼德拉一級人物有強大感情自制力」，http://world.people.com.cn/GB/1030/6557418.html，瀏覽日期：2010 年 11 月 12 日。

立政績有效性，就要做好建設，其中就算有貪污，至少從客觀成效上講，人民能受惠於這些建設。譬如地方政府要改建某區，很多時候先撥出新地段安置原居民，讓他們獲得房產分配，然後才開始遷移，官員也許在發展中得到薪酬以外的利益。有發展大家就有好處，但這種潛在利益交換不是理所應當，這是社會發展過程中出現的問題。今天不少先進國家仍有貪污情況，只是許多時有法律包裝而已。中國政府在貪污與政績之間有個管治機制，使兩者一定程度上互相適應。黨政上級亦有監察體系，如果越軌情況顯著，造成失衡，就會對貪污行為懲罰。

由於業務的關係，我幾乎每個月都前往中國內地多個城市。據我親身經歷與觀察，在習近平當政的管理、人事組織、法律條文、高薪養廉、終生追究失職等體系與措施指引下，加上大數據與各種系統聯網的協助、對公務即時或限時處理的要求下，中國貪腐與瀆職的情況高速減少，全國的施政與社會環境面臨質的變化。預料我在內地的機構不久將進入工作暢順時期，管理效益會更為明顯。我的管理團隊的共同體驗是有法可依，人事因素在營運管理中的影響不斷減低。

中國政府以其政績有效性來支持其認受性，潛台詞是當政績有效性動搖時，就會影響政府的管治，人民會因失治、失利而亂。因此，政府要透過維持良政來取得社會穩定，當然地方政府濫用暴力來維持表面穩定的案例不少，不應視為合理。GDP 是政績有效性的

一個重要指標，在中國 GDP 增長一定要保持在一個水準才能維持社會穩定。全國 GDP 的增長，如果在扣除「綠色 GDP」[38] 後是少於 6% 的話，那就是負增長，因為我們現在的 GDP 裏面有「黑色 GDP」[39] 成份（環保代價）和其他水份。如果中國的 GDP 少於實際增長的 6%，就會影響社會的穩定性。目前，中國經濟已進入一個與過去三十多年高速增長期不同的新階段的「新常態」（第一次由國家主席習近平於 2014 年 5 月提出），GDP 的增長指標已有所調低。對 GDP，中國政府有三點是滿關注的，第一是全力維持 GDP 增長，以保證經濟發展，讓人民直接得益，而對 GDP 的認知亦在不斷調適之中；其次就是強硬地維持社會和諧，甚至不惜整肅異見份子；其三是如果 GDP 發展實質增長下降，人民產生不滿時，除高壓政策之外，如何去發展中國式的民主以宣洩人民的壓力。其實 GDP 關乎以民為本的問題，是民主發展何去何從的問題。毛澤東在延安與黃炎培對話中就談到如何用中國民主方式解決政權持續的問題。[40]

我相信現在中國正在用一百年時間去追趕西方先進國家用三百年時間取得的經濟、社會發展。到大家看齊的時候，即中國的國內生產總值超過一萬美元（以現在購買力計算），也就是中國要解決民主

[38] 綠色 GDP，指用以衡量各國扣除自然資產損失後經濟活動的最終成果。

[39] 黑色 GDP 是沒有考慮經濟發展造成的環境污染成本的 GDP，它包含對生態環境的破壞、對公眾健康的損害等成本。

[40] 1946 年黃炎培在延安向毛澤東提出如何維持政權和解決農民問題，毛澤東則回答說我們有民主。那個時候是沒有條件談民主的。到了 1957 年，毛澤東參加上海文藝界春節茶會，有人提出「若魯迅在生，還可以自由發表文章批評政府嗎？」這個問題，毛三思後答：魯迅如還在要麼封嘴，要麼坐牢。多數人用毛澤東前後不一的態度來批中共，我則正面理解，這是將來中國民主模式的思考醞釀開始。

問題的時候。屆時，中國已跨過經濟體制與所得分配改革，進入政制改革階段，也就是發展符合國情、歷史文化，以及兼顧各區域經濟差距的人民參與治理的時期。屆時，共產黨、政府、人大、軍隊及其他政黨將根據民意產生與組成，意味着中國克服了內部的矛盾及國際的壓力，進行政制改革。我猜想中共的 23 次全國代表大會（即 2032 年）將要處理這些問題，我相信中國人民與執政黨有智慧與能力，在自己與世界其他國家的經驗中總結出符合國情的政制模式。如果現在中國還沒有準備好就去走像泰國或菲律賓那樣的民主道路，必定會面對嚴重的問題甚至分崩離析的局面。過去二三十年亞洲出現「民主脈滯」的情況，究其原因就是不顧本國國情將西方模式全盤接收。

衡量一個制度是否成功或合適，一定要以人民的利益為依歸。如果以後中國全面進入小康、均富階段，那時候人民的訴求一定不一樣了，中國社會、政治家一定要找出適合中國的方式與政制來回應。衣食足才能知榮辱，抽象的民主概念，一定要在足夠的物質基礎上談，正如印度裔諾貝爾獎得主阿瑪蒂．森說，所有人的物質需要（包括健康、福利、教育和交通等等）解決後，才有真正選擇的可能性，否則，所謂選擇是虛假的。

講到民主、人權、自由，究竟在中國道路中如何體現？我尚未有很深刻、很明確的結論。不過我可以說，過去三十年比照之前三十年，中國在這些方面總體是向前的，當然也有些反覆。中國當局以民為本的目標在落實中。

以科學試錯作檢驗

「中國道路」可以說是以科學試錯方法來檢驗的。「試錯」就是試一試，如果這裏錯了，就改正；那裏對了，就繼續做。這種科學試錯方法，在科學實驗室裏也經常會用到，通過不斷排除錯誤，逐步接近正確。

新中國成立近七十年來，有對也有錯。1949年－1978年間，可以說是摸索時期，是在試錯，當時陷於共產主義狂想中，急於求成，搞錯了。從近代史看，這是中國人為趕超現代化而犯的通病，李大釗、蔣介石、毛澤東都是如此，都想要給出一個答案。漢奸也是如此，像周佛海、汪精衛等想要中國現代化，只是走了歧路。孫中山這些廣東人也出過錯，如為了推翻滿清提出「驅除韃虜」，蒙古就以此為藉口，加上鄰近的蘇俄的戰略推動，在1911年10月10日宣佈獨立了，因為你視他們為韃虜。從清到民國到共產黨，中國都要搞現代化。毛澤東搞工業化，強調自力更生，獨立自主，不惜打朝鮮戰、珍寶島戰、西沙海戰，不受外國干涉，擺脫蘇聯的控制，反對赫魯曉夫。寧要核子，不要褲子，就是爭取國家主權，民族獨立。實際結果如何？建立了完整的工業體系，奠定了成為工業大國的基礎。雖然當時生產的螺絲釘很粗糙，做得不好，但是總比印度連粗糙的螺絲釘都造不出來要好。既然能做出粗的，就可以通過學習、引進技術，做出精細的產品來，這都是試錯的過程與結果。

中國不斷地在用試錯法。比如世博的開幕，就是用試錯的方法，不斷加壓，入場人數從5萬到20萬到40萬到50萬，達到魔鬼測試，看60萬人入場究竟情況會怎樣，哪個環節會出問題，哪些地方需要改進。

中國的改革開放政策就是一個試錯的過程。中國的數個經濟特區——深圳、廈門、珠海、汕頭——都實行很多的試驗。海南島則是一個旅遊特區的試驗，很多邊境地方也作試點，試試效果，以後推廣到其他地方。

過去四十年，中國派了很多人出國學習，這使我想起三百年前俄羅斯的彼得大帝：他帶領一個學習團出國，自己隱姓埋名，用普通技工的身份，去歐洲學習了兩年左右，直到國家發生內亂，要回去處理，其他人才知道他是彼得大帝。後來俄羅斯進步起來，與彼得大帝的學習精神是有一定關係的。哈佛大學費正清研究中心的學者歐立德比較乾隆與彼得大帝：乾隆繼承了中國道統，其巨大的壓力使他不能像彼得大帝那樣轉軌，從而引起整個社會的震盪；乾隆以加強自己的滿人文化認同、維持優良的滿人勇武精神、強化自己的中原儒家政治與文化承傳形象為己任，他的北狩與南巡乃是這兩方面的堅持與體現。看來，在歷史上中俄兩國施政的試錯方法就大不相同。當《大國崛起》這部講述近現代大國如何崛起的紀錄片於2006年在中央電視台推出時，我們就知道國家想推動認識過去數百年先進大國的試錯經驗，其中包括俄國的。《大國崛起》的製作

可以說開始於 2003 年 11 月 24 日中央政治局集體上錢乘旦教授的課。[41] 這是世界少有的政府管治技巧——對別人的試錯經驗認真總結。

在深圳、廈門和珠海等特區試建時，那時的香港人大都半信半疑，能成功嗎？結果是三十多年來中國政府摸着石頭過河，先搞試點，總結經驗，再學習推廣，以跨越的方式向全中國普及，這是一個自主創新的科學試錯模式。香港在百多年英國人管治中種種嘗試，也可視之為試點或試錯，值得內地借鑒。

說起來，科學試錯方法和毛澤東的思想也有關係。讀過毛澤東書的人都知道，毛澤東是非常看重試點測試的。這種科學試錯的方法，用鄧小平的講法是摸着石頭過河，即在測試中向前走。不僅建國治國這樣的大事，公司和機構要進行改變也應該用這種方法。其實，試錯的方法早在春秋戰國的秦國商鞅變法時就使用過，他先在偏僻的地方做試點，有經驗後就向全國推廣。遠在兩千五百年前，中國人為適應環境的挑戰做出的組織及制度上的回應，才產生了統一全國的秦朝。

中國這種科學試錯的改革方法和混合型理論體系又是關聯的。在開放改革初時，中國政府還不敢明講要有私有制、發展市場經濟，社

---

[41]《再造中國世界公眾形象》，新華網，2007 年 10 月 17 日，http://news.xinhuanet.com/world/2007-10/17/content_6894899_2.htm，瀏覽日期：2010 年 12 月 28 日。

會還在討論「姓資還是姓社」，但到後來沒有人講了，私有制、市場經濟都被接受。於 2013 年 11 月召開的中共十八屆三中全會，第一次提出市場在資源配置中起決定性作用。對市場看法的修改也是一個試錯的過程，引申而來的改動是循序漸進、逐步演化的，避免了大的社會、政治震蕩，付出比較少的轉軌代價，當然整個過程比較緩慢，也產生一些嚴重的政治經濟問題，甚至於 1989 年爆發「六四」政治風波。

試錯需要時間，從粗獷發展到細緻，中國在過程中付出不少代價，如產能失調、好大喜功、門面工程、貧富不均、貪腐、環境破壞等，這些可以作為其他國家吸收的經驗教訓。今天東南亞某些國家，如越南，在開放改革時吸取中國的經驗，它們也在經歷自身的試錯。

以天下規模中央集權方式作統籌

中國在很長的歷史時期管治的是大洲規模的地域。我們以前講「天下」，因為那時認為中國是世界的中心，看不見海的另一面是甚麼，看不見沙漠遠方的另一面是甚麼，所以有天下以我為中心的觀念。在過去三千年時間裏，中國這塊土地上曾經出現很多國家、很多諸侯國，如在春秋戰國時代，有齊、楚、燕、韓、趙、魏、秦七大國，還有很多小的政體。在歷史長河中，各地域與民族的整合構成了大中華文明體系。

中國今天的體制源於這個大中華文明體系，擁有九百六十萬平方公里的土地，以及十三億六千多萬人口的大洲規模。美國人丁韙良牧師早在1902年的《漢學菁華》中就指出，當時的歐洲是春秋戰國時代的現代翻版，所以他提出中國是一個最早有外交模式、國際法、國際關係的早熟的文明。如果清朝能夠吸納春秋戰國時期的經驗的話，它應該能夠很好地處理與歐洲的關係。[42]

中國存在一個全國地域經濟差別的狀況，從沿海直至內陸，地勢一級一級地上升，但經濟卻一級一級地下降。中國既要管治沿海較富裕區域，又要管治發展較落後的中西部及邊疆區域。這樣的一個差別令每個地域在經濟、政治、社會方面擁有不同的特點，因而讓中國同時擁有了不同的管治經驗。歐洲也有地域經濟的差別，現代歐洲國家成立歐盟，走向聯合，實行像中國有一個中央統籌的模式。歐盟是從「分」走向「合」，歐洲還在摸索中，中國則很早以來就用「合」的模式。

以今天的大國情況來看，美國國土面積跟中國差不多，印度的面積是中國的三分之一，俄羅斯比中國還大，但俄羅斯的人口只是中國的六分之一，美國人口也只是中國的五分之一左右，印度的人口跟中國的差不多。美國算是有管治全球的文明的形態與能力。以前「日不落」的大英帝國也有這樣的能量，但殖民地體系不復存在，而現在它的面積與人口少，不能同日而言。過去三百年源自基督教

---

[42] 丁韙良著：《漢學菁華》，北京：世界圖書出版公司，2010年4月。

思想的西方文明，促成西方社會、政治、科技、軍事上的發展以及全球殖民地體系的形成，而兩次世界大戰造就了西方文明縮影的美國成為全球的主導力量。時至今日，沒有了殖民地以供掠奪，美國仍可靠戰爭公開掠奪別人，及藉全球化經濟機制掠奪其他國家的資源。綜合而言，中國在文明、面積與人口方面是最符合大洲管治模式的國家。

新加坡建國領袖李光耀說，新加坡的管治是城邦性，中國的則是天下規模，兩者是不能同日而語的。談到這些問題，希望大家有一個物理、地理、物質上的考量。比如我們說香港發展政制，是不是可以讓中國去參照模仿呢？我相信作為一個試點，其得失完全可以研究，但不能照搬。美國那麼大一個國家，其模式尚且不可以照搬給中國，香港的某些成就怎可以照搬到中國呢？如中國內地在制訂新時期土地政策時參照了香港這方面的法規，但更重要是考慮內地自身情況。所以內地參照香港發展民主政制的經驗時，更不可能照搬香港的做法。雙方應互相參照，一起進步，不必存政治鬥爭之心。

英國歷史學家湯恩比說，只有中國具備管治世界的意識形態、系統及實踐經驗。湯恩比教授確實是一個大歷史學家，對中國文化有獨到的眼光。中國歷史到了春秋戰國時期，有近百個大小諸侯國，期間用了六百多年發展出一套秦的有效管治模式，以統一全中國。很多人認為，秦能夠統一中國是由於秦軍事力強，非也，其實是因為秦擁有完善的經濟、政治和法制管治模式，並非單純靠武力。在秦

統一中國前，其他六國的許多人已移居秦，因為秦一連串的政策十分有利於百姓安居樂業。秦孝公時代起用商鞅變法，使秦成為春秋各國中法制最完備的國家。由於商鞅變法取消了秦國貴族的很多特權，引起貴族怨恨，後來繼位的秦惠文王為鞏固政權殺了商鞅，結果商鞅遭五馬分屍極刑。[43] 但商鞅的死是「人去法存」。到公元前221年秦統一全中國時，它的人口相當於其他六國人口的總和。人口多、經濟強、吏治強、人才多（秦國四任丞相來自他國優秀人才）、法制強（身份證、護照、戶籍的確立與土地等法規的執行皆遠強於六國）、軍事強（兵力、軍種、設備、制度化、戰法、戰將均遠超於六國，一如今天美國在世界的領先情況），於是成就了秦始皇統一中國。秦統一中國十五年後，原先秦國的大量壯丁已分散入六國，只剩下老弱婦孺，再無力支撐南下的資源。秦朝面對因中央集權被廢除特權的六國貴族的怨恨，加上秦儒相輕、儒法競鬥及秦始皇的幾個偶然錯誤，導致自己的滅亡。但隨後漢朝確立繼承秦國制度的國策，所以秦國是「朝廷短，制度長」，其制度一直延用兩千多年。自秦朝以來，中國一直用中央集權制度治理着一個大洲規模的國家。秦即 China 之音，是中國的原創文明。

中國這個大洲規模的體系，其不同的地區在地理、經濟方面差異很大。今天的中國，其實是「四個中國」：沿海的中國、大城市的中

---

[43]《史記‧商君列傳》：「後五月而秦孝公卒，太子立。公子虔之徒告商君欲反，發吏捕商君。商君亡至關下，欲舍客舍。客人不知其是商君也，曰：『商君之法，舍人無驗者坐之。』商君喟然歎曰：『嗟乎，為法之敝一至此哉！』去之魏。魏人怨其欺公子卬而破魏師，弗受。商君欲之他國。魏人曰：『商君，秦之賊。秦強而賊入魏，弗歸，不可。』遂內秦。商君既複入秦，走商邑，與其徒屬發邑兵北出擊鄭。秦發兵攻商君，殺之於鄭黽池。秦惠王車裂商君以徇，曰：『莫如商鞅反者！』遂滅商君之家。」

國、二三線地區的中國及邊疆的中國，它們之間的經濟等級落差很大，有點像歐美與拉美、非洲之間的差異。一個統一的大洲規模的管治體系就會產生由中央按計劃去調動資源、循序漸進、地區之間互相扶持的統籌需要。在 2008 年四川、2010 年青海的大地震後，中央政府調動全國許多地方予以支援。對新疆、西藏、雲南、貴州等發展較為滯後的地區，中央在人力、技術、資金、市場等方面給予各種優惠政策，所產生的效果是有目共睹的。沒有這些資源統籌，落後省份要追上來不容易。在中央的統籌下，有些先進發達的省市與它們配對予以扶持。在這些配對計劃下，每年要撥多少錢，建設多少學校、公路、發電站、醫院等都會定下來供支援用。設想中央沒有強大的權威，根本沒有可能調動地方政府向其他地區提供援助。只有在中央強力統籌的情況下，地方才會執行統一部署，互相支援，進而循序漸進地拉近地區之間的經濟差異。

我在四川大地震後的都江堰看到一個很大的牌：上海援助區。我瞭解到上海政府為此投入近 90 億元，由一位市政府副秘書長帶領一隊專家官員，兩年時間駐在都江堰協助重建災區。他們不但提供硬件援助，還有軟件扶持。兩年裏他們住在簡樸的集體宿舍，完成全部援助計劃後才撤回上海。沒有如此體制的中央政府，怎能有這樣的援助工作？這些成績，沒有中央政府統籌，怎麼可能做到？中國人捐助跟西方慈善捐助不同，比爾‧蓋茨捐出數百億美元成立基金行善，其背後是有個人價值觀的考量。四川大地震發生後，國務院總理幾個小時內便到達災區巡視，民間自發去援助的人、組織不計

其數。百姓頗滿意政府的救助行動：速度快且後續工作做得很不錯。看先進國家如美國、澳洲等一旦出現自然災害時的困難局面，就可知中國這種救援行動的難得。看問題要全面，我不是認為一些問題個案不重要，只是認為點、綫、面都要看。點容易觀察到，綫及面則要經過一段時間才能瞭解到。我不是說沒有貪腐、豆腐渣工程，但大多數救援隊伍是好的，結果是正面的。

當今世界，在全球化與反全球化兩股力量的激盪下，「全球管治」（通過聯合國系統及其他國際組織與區域組織協作而達成）的問題越加突出。在這方面，中國天下規模中央集權方式的管治模式有參考價值。如果能建立一個強有力的全球管治機構，來平衡南北的發展，以先進帶後進，照顧落後地區的發展，則世界的面貌就會和今日有很大的不同。2013 年習近平提出「一帶一路」的大地域規劃是人類共同體的一個嘗試，是人類平等共用資源的一大試點。當然，困難與障礙是巨大的，但已看到中國對世界持份作出進一步的承擔。

馬丁・雅克撰寫的《當中國統治世界》（*When China Rules the World*）一書出版時，大家看見書名都驚愕起來，中國甚麼時候想要管治世界？原來這本書的原意是說：中國是如此這般去看這個世界的，如果中國要去管治世界時，那麼中國對世界事務就會如此這般地處理。倫敦政治經濟學院高級客座研究員雅克指出，中國首先是一個文明國家，其次才是一個民族國家。他說，如果不把中

國看成一個文明國家，就不會明白為甚麼十有八九的中國人都把自己看成一個種族，雖然從歷史上看，他們是屬於多個種族的。中國這個文明體系乃全世界四個古文明體系之一，其他三個衰落後都沒有能夠再興起。中國重新崛起，是唯一復興的古文明，是一個「奇跡」──工業革命後經濟飛躍的「奇跡」──反映其治理方式有內在的科學性。雅克說，中國擁有世界上最古老最先進的政治體制和治國策略。他認為這些管治經驗可為世界所參考。

當然，中國的中央集權有其弊端與局限。若參照同時期的西方（指環愛琴海的古代西方及其文明繼承者歐美文明）的發展，中國的中央集權制到 19 世紀後對國家發展的局限頗為明顯，這是史學家關注的問題，並非本書的論述範圍。

以建立學習型社會作推進

中國在推進發展時貫徹始終的是學習，就是吸收各種不同的理論、知識。中國對美國、日本、歐洲先進國家的經驗是極其重視的，組織各類參觀學習、合作經營、引進技術人才、派遣留學生等，皆是他山之石可以攻玉的做法。中國現時是個學習型社會。舉個我親身經歷的例子，是數年前的事。北京有條河，叫做涼水河，過去很美麗，後來卻變成污水溝。按我對中國發展的瞭解，只要中國追隨世界環保的標準，一定會解決污水這個問題。但如果等這個問題解決了，你才要在河邊發展項目，那時候爭的人就多了，所以我就投政

府信任票，在河邊 1.3 公里的範圍內發展一個項目。後來，北京市政府對這條河進行治理，先在河底動工，他們學習韓國首爾治理漢江的經驗（李明博做首爾市長時把漢江的河底重新做過，因此政績出名，後來當選韓國總統）治理涼水河，原定計劃是一千萬人民幣，因金融風暴後增加了基建費用，於是得到增撥，聽說要用近三億人民幣。從北京如何整治涼水河，我看到學習型社會、政府的運作。

現在中國重視科學教育、電腦技術，利用大數據統籌安排計劃對分配模式進行改進。中國政府還利用大數據對醫療、交通、社保等方面進行調整。這些技能皆通過學習而獲得，可反映在一些細緻的管理上。如我機構在上海每年員工的薪金、學費收入，每月宿舍收入等都受有效的規範，當地政府會給出員工薪金指導，要與經濟發展情況、通脹情況相適應，這導致我機構轄下學校中文教師的薪金與西方教師拉近，這背後都是有政府的大數據在引導。學校膳食宿舍費用高，上海物價局會來調查，如有投訴，只要價格合理，政府也會支持。上海與廣州校區的收費高，因為是按照西方先進的私校標準建立，從美國進口環保傢俱等，都有資料可查，都經過物價局核對，政府認為合法合理，表示支持。碰到有人投訴，物價局回答說，他們學校標準高，是私校，設備都是進口。公立學校全國統一標準，有計劃性，私立學校則由政府給出指引，按市場規律來定價。政府的政策指導都是有所根據，是官員通過學習而獲致的。

中國是學習型社會，對外學習是其中一個重要方面，而「六四」事件發生的 1989 年是具相當關鍵性年份。當時中國並沒有停止對外開放，而是繼續讓學生出國，對外交流。對外學習的範圍也擴大不少，早期留學生大部份唸理工科，現在則包括農業、社會科學。「中國出國留學發展趨勢報告 2016」指出，大陸出國留學總人數 2015 年突破 52 萬。其實，中國改革開放是向全世界開放，向西方先進制度學習，包括學習管治方式。中國參加了各種國際組織，尤其是在加入世界貿易組織後，政府也開始學會適當的自我約束。現在已有大量留學生回國，佔留學生的 70%，遠高於以前，其中一些人加入政府，使得管治層的質素有所提高。

中國全社會的學習需要對傳統文化進行新的、同國際接軌的解讀，這是很重要的事情。我個人參與了這方面的工作，如對經典文化《論語》、《墨子》、《老子》、《莊子》的現代詮譯，有的還出版成書。國內的學者也出版很多這一類的書籍。中國人對於外面輸入的事物一向有兩個態度：一個是全盤接收，認為我們還學得不夠徹底，這些是自由主義的態度；另一個是可以吸納，但不可以照單全收，有人說這是回到清朝的「中學為體，西學為用」的做法。後面這種態度，我認為是對的。因為世界其他地方都不是照搬人家的東西，放到自己那裏就能成事的。如 MBA 課程裏有很多案例可供學習，但學員只能取其精神，難道照搬某個案例自己做就能成功？哈佛商學院有很多這樣成功的案例，難道哈佛畢業的每個學生做生意都會成功？當然不是。你看美國造成金融風暴的金融機構高層，

很多都是在哈佛等名校唸過書的。事實上任何事情的成功都要符合時間、形勢、環境，還要有合適的組織與施行細節及適當的人選。

對中國傳統文化進行新的、同國際接軌的解讀時，其中一個重點是個人權利和團體、家庭利益之間的共融問題。中國文化以家庭、團體利益為出發點，有別於西歐北美社會考慮問題時以個人權利為出發點。當然不是說中國人就不考慮個人權利，歐美就不考慮家庭與團體權利，只是先後輕重有別，這是兩種不同的利益、價值思考。當我們講家庭、團體利益的時候，不等於否定個人權利；當我們講個人權利時，也不等於否定家庭中大家關心的問題。中國人及其他亞洲人，如新加坡、越南、韓國、日本人，傳統上更多考慮家庭團體利益。當然，日本後來變了，變得很西化，以個人權利為主。現在新加坡立法規定子女不養父母便是犯罪，歐美社會則認為不必要。同樣一些歐美的法規放到東方、中國社會也會被認為不可理解。我機構在美國加州有業務，派去那裏負責業務的來自亞洲的同事對當地許多條例、法規就感到不可理喻。

在過去一段很長的時間裏，從 1919 年的五四運動到 1960 年代的文化大革命，包括我在內的許多人把中國負面的事情視為儒家的家長制造成的後果，認為儒家思想支撐了一黨專政，造成了中央集權。這個想法或多或少受西方的主流意識形態影響，認為儒家主張的家庭倫理成為家長制及一黨專政的文化基礎。過去百多年中國思想界不少人要打倒孔家店，認為它導致沒有人權、自由、法治的

狀況。現在中國很多年輕人在西方學習，或受西方主流意識形態影響，重視個人權利，這樣的觀念並沒有絕對的對或錯。但中國的倫理體系支撐中國近兩千年的社會，使她穩步發展，想想這體系都是錯誤、落後的嗎？基於個人主義、個人權利的西方社會制度和政治制度是否全無缺失、都是正確的呢？細看英國、法國、美國、德國，這些先進的以個人權利為本位的社會制度，不見得真的能夠使社會繼續像百多年前高速進步。因為現時環境已經不同，三百年前它們之所以能在自己國家實現其國民個人權利的要求，主要是靠極度剝削殖民地無民主、無人權的民眾所取得的巨大利益來支撐，而且擁有這些先進選舉制度的國家都是經過經濟與社會改革，打好了物質上的平等基礎，才進入按各國國情設定的民選模式。國家人口多少、社會政經狀況也決定了選舉制度的模式，不是一對鞋可以給全世界人民穿的。這也是西方國家當時所以能夠這樣施政的本錢。今天，沒有了殖民地的「輸血」，這些國家大部份的事情要靠本國資源來支撐。當然，由於這些國家資本雄厚、技術先進，以及軟實力的配合，在全球經濟上還是佔很大優勢，但跟殖民地鼎盛時相比，則不可同日而言。當今世界，太強調個人的權利而不同時強調個人對國家、社會及家庭的奉獻與責任，是不是社會所需要的？是否能讓整體社會繼續向前呢？看來，中國在對傳統文化進行新的、同國際接軌的解讀時，必須解決家庭、團體的權益同個人權利之間共融的問題。

細心看今天中國社會的制度，老祖宗的幾樣東西還是在起作用。這

些根植於歷史的東西，包括戶籍制度、科舉制度。這些制度與相關思想及其經驗，仍體現在中國人民的生活中，在今天可以並需要一番新的詮釋，從而找到當中可貴、符合時代精神的部份。這也是中國為推進發展所需要學習的東西。

以科舉制度來說，它已成為世界性人才選拔制度。我翻查歷史書才知道，是英國人把近似科舉制度的選才模式帶到全球，變成民官考試制度。但過去百多年，中國人把科舉考試制度視為束縛思想、利於當權者壓迫人民與操縱知識份子的反動制度。英國人卻把它用活了，建立起龐大的世界性殖民官僚管理系統。1905 年中國廢除科舉制度，1919 年五四運動及 1966 年－1976 年的文化大革命都將科舉制度視為歷史垃圾。百年前美國牧師丁韙良（國際法專家、時任清朝國子監總教習）認為科舉制度是當時中國最具有現代意識的制度，應該視為中國對世界四大發明貢獻之一，但我們卻簡單地將之取消了。

又如戶籍制度，過去我讀的書多說戶籍制度把農民綁在農村裏、土地上，對農民是不公平的。新中國城鄉二元制是建基於過去歷代的戶籍制度，國人對此也有很多批評。但經多年細心研究後，我認識到其實戶籍制度至今依然有助於中國社會的穩定，有保障農民的基本權益的一面，對中國的發展有貢獻。有人說穩定並不是一切、不是最高標準，我不完全同意。今天許多發展中國家，在南亞、中美洲、南美洲、非洲的國家，由於其社會沒有中國城鄉二元的戶籍制

度支撐，於是每一個大城市周邊都產生人口巨大的貧民窟。一大堆窮人住在大城市旁邊，形成了天堂與地獄的生活差別。你看看印度，有一億賤民，大都住在大城市的周邊，或者在城市裏行乞。我們應客觀地看待中國城鄉二元制及其現實意義。中國農民與土地的關係是一個非常大的問題，中國政府正在全力研究，試圖創新地解決這個問題。請去長江下游農村考察，去訪問一下當地年輕的村官，看他們在做甚麼？2010年上海世博的主題為「城市，讓生活更美好（Better City, Better Life）」。在中國這涉及如何提高農村和小城市的生活水準，讓小城市（如縣級市、鎮）擁有現代化設施與標準，讓農村居民能夠在那裏過城市的生活，同時又能很輕易地回到農村去耕作，農忙時在農村，農閑時在附近的小城市打工，而不是全跑到大城市。將來住農村只是一種生活方式的選擇，不是做二等公民，農村居民與城市居民再不是兩類身份，都是同一國民身份。在社會主義新農村政策下，農村建設在一步一步地推行着，過程中做了很多試點，進行着試錯。農村問題連續多年成為每年中央一號文件的主題，可見政府對農村與農民問題的重視。

近代中國由於積弱太深，國人以為大都是歷史的沉渣所造成，以致如西方諺語所言的「倒污水把嬰兒都倒掉」，尤其自五四運動以來，我們差不多全盤否定了傳統的一切。我敬佩的學者唐德剛教授（於2009年逝世）在他的著作《晚清七十年》和《胡適口述自傳》中，批評「五四」的一些重要人物，包括他的老師胡適和魯迅。唐

教授認為，他們簡單化地否定了中國三千多年的文明價值，對西方文化只是一知半解，個別學者還簡單地提倡全盤西化。

現時支配世界話語權的西方價值，如人權、自由、民主等，很多國家羨慕的美國制度，都是在近三百年的時間裏逐漸演化而成的。暫且不論美國是否真正地落實「民主」，光從內容上說，美國的「民主」也是一個逐步擴大的過程，比如婦女和黑人的投票權，也是最近幾十年才有的事。要求將西方在三百年間才慢慢做到的事，驟然地實施於大洲規模、傳統文化完全不同的中國，勢必打亂中國自身的內在演化過程，引出不必要的亂子。因此，我們應給中國時間，讓她根據自身的文明性格，借鑒西方的經驗，走自己的道路，而不是強求她照搬照套西方的模式。

用西方價值尺度來衡量中國，造成長期以來將中國妖魔化和抹黑的偏見，中國常被置於被告席上。中國正逐步進入範式轉移，在這過程中，中國會用國際接受的方式與世界溝通、對話。國際上的中國關注者，也應該適應中國的表達方式，如前幾年《中國夢》[44]一書所引發的爭議就是這方面的例子。在該書中，國防大學教授劉明福指出，沒有一個大國崛起是不經過戰爭的。這句話引起西方國家的緊張，被西方媒體熱炒，中國有些輿論說我們不應驕傲，不要跟美國正面衝突。之前，講電子戰爭的《超限戰》也給西方媒體熱炒，結果聽說著書的兩位研究員被撤職，但不知是否屬實。其實，我們

---

[44] 劉明福著：《中國夢》，北京：中國友誼出版公司，2010 年 1 月。

大可視這些討論是中國學習的一部份，其實學者不需要處處與中央政策保持一致，這有助於問題的深入探討。總而言之，在以建立學習型社會推進中國發展的過程中，我們需要通過學習，對自身的傳統文化與西方的文化進行科學、理性的詮釋。

混合理論指導
- 歐洲啟蒙運動：法國大革命前後人文科學理論
- 市場經濟和私有制：資本主義理論(亞當·史密斯、凱恩斯等)
- 馬克思社會主義：公平、公正、均富(毛澤東、鄧小平、江澤民、胡錦濤、習近平思想)
- 中國傳統思想：春秋戰國到清末各種思想
- 21世紀思維：星球意識、物種意識、科學發展觀

有效管理
- 普及與垂直民主結合
- 民情、民意、民心掌握

全社會學習
- 吸收各種不同理論
- 利用科學、大數據
- 與國際接軌
- 重新詮釋傳統文化

科學試錯
- 改革開放
- 先試點後推廣

學習型社會

中共領導層透過「中央政治局學習班」及各級學術組織、智庫向全國輸出理論和知識，探測與引導中國社會思想方向。這個是世界少有的「理論指導實踐，實踐回饋理論」的管治模式，是學習型政府的充分體現。

第四章

中國之路綜論（下）

實踐：創新、獨立自主

如上一章談到，近代以來中國人深感自己的弱勢，一直在用多種方法向世界先進地方學習，因此造就一個學習型模式。鄧小平講，不管白貓黑貓，捉到老鼠就是好貓；胡錦濤認為，全人類文化精華應該是人類共用的；習近平說，我們要虛心學習人類社會創造的一切文明成果。綜合三位領導人的說法，任何方法、理論只要適合中國，管用的就拿來用，不被意識形態所束縛。當然這些方法、理論拿來用，要經過實踐才能證明是否有效，所以中國道路的一個特點就是全民重視學習，吸收新知識改造自己、家庭及社會，摸着石頭過河，即在不斷的試錯中向前。

中國的對外開放，初衷是向西方學習，承認自己落後，要求進步。當然，有時謙虛過了頭，極端了就出現媚外的現象，但是追求進步是好的，認識到自己的不足，努力上進是好的。鄧小平搞「一國兩制」，實質是讓步，制度上的讓步。鄧小平在國際關係上講「不出頭」，是謀發展，也是讓步。現在習近平搞「一帶一路」，在南海問題上有所作為，是「適當出頭」，但也不是咄咄逼人。他說，我們不惹事，但也不怕事，有一種自信、一種自主。

中國現時既開放又強調自主，對其他國家採取「持股共贏」的態度。中國既有過去的基礎，又堅持學習（學習在初期過了頭，就出現抄襲、山寨的現象），最後融會貫通，就會出現創新。政府對民

營企業的態度也是這樣，民營企業要堅持自己的特色，不要跟政府完全一樣，要堅持開放，有創新精神。政府對我主持的內地機構的要求就是這樣：你要有自己的特色，對世界開放，有先進的東西，你要符合政府的基本要求，但是不要完全跟着政府的個別政策團團轉，喪失你的特色。

在這個過程中，中國有所創新，並逐漸產生自己的模式，這是非常重要的事。要知道，賣產品是一種賣法，賣知識是一種賣法，而賣制式（即標準）是最高的賣法。中國正在發展自己的制式。比如說通訊，中國用自己的制式，即自己的 GPS 系統 —— 北斗計劃 —— 在未來數年發射共 35 顆衛星覆蓋全球，使中國的軍事和商業等通訊不再依賴、受制於其他國家。有人覺得這是浪費金錢，已經有現成的東西，為甚麼自己還要做？我認為中國自己發展另一套是明智的，這樣才不會依賴、受制於人，況且這樣做，可能提供更好的東西，對世界作出貢獻。

中國以建立學習型社會推進發展的過程，還有一個獨立自主的問題。中國所持的態度是：我可以融入世界，但要保持獨立自主。北斗計劃如此，火星探險計劃也是如此，後者公佈了三步曲發展計劃，全部工程要獨立自主來做。原因之一是科學技術民用的問題，如果是自己自主開發的技術，可以轉化為民用。美國和日本封鎖輸出高新技術給中國，卻付出失去中國市場的代價，也令中國發奮自行研發出自己的制式。

高鐵是另一個中國自主獨立發展的系統，它吸收外國技術，予以創新，建成目前世界上最大規模的高速鐵路網，並向外輸出。現在中國基本達到24小時全國生活圈的目標，正在改變全國政治、經濟、生活和文化的面貌。中國的長遠目標是打造跨國跨大陸的高鐵系統，如已提出北京至英國倫敦高鐵系統建設的構想。北京大膽地提出，各國不用直接參與入股，所有系統和技術由中國承擔，鐵路途經的各國只需要提供旅遊支援和配套，按鐵路里數範圍入股。中國還計劃在東北亞日韓海底和東南亞修建高鐵，將有利於各國人民交往與地區和平發展。在美國，中美組建合資公司建設並經營「西部快綫高速鐵路」，這會否配合特朗普振興美國包括鐵路在內的基建計劃，則是未知之數。

或許在這裏比較一下中國與日本在學習上的效果頗有啓發意義。日本管理學家大前研一於2009年出版一本書名為《做十分之一的國家》。他說，從過去兩千年的歷史看，日本國力的規模一直是中國的百分之十，明治維新以後才發生變化。當時中國和日本都面臨着西方文化，但兩國的態度並不一樣。日本認真地學習西方文化，亦步亦趨，逐漸成為工業國家，而清政府仍愚鈍地自以為是，對世界局勢之大變毫無知覺，蒙昧地拒絕向西方學習，或者只是局部地學習，因此日本超越中國，實現了工業化，成為東亞最強國家，從甲午戰爭開始，屢次打敗中國這個農業國家，還在上世紀三四十年代大舉侵略中國。但從鄧小平時代開始，中國對外開放，開始學習別國先進之處，中國從技術上拉平日本，中國趕上日本只是時間問

題。一旦中國的技術和日本拉平，中日之間的力量將由規模決定。大前研一認為日本最終會回到常態，那就是日本的 GDP 是中國的百分之十。他說，「二十五年後，中國經濟規模將是日本的十倍」，日本要重新適應「國力只有中國百分之十的狀況」。日本要有準確衡量鄰國中國的「規模感」。中日現在只不過是回歸到以前的比例關係，日本必須接受「日本比中國小」這個現實，做「小而強」的國家。

回顧近代一百多年的歷史，大前研一認為，日本得到的優勢是知識方面的，因為日本學習態度好，知識掌握得好，因此領先於中國。但知識優勢的領先並不是可以永久維持的，因為通過學習是完全可以追上去的。中國醒了之後就會追上去，中國是一隻睡醒的獅子。如果日本保持自己學習的優勢，而中國人繼續愚蠢地拒絕學習，那日本的優勢還可以保留下來。可惜日本人的優勢在逐漸消失，尤其是戰後生活優越的幾代人，似乎已經沒有前輩的學習勁頭。日本人能否繼續學習，中國是否會拒絕學習？這涉及兩國的未來。

在今天的全球化浪潮中，資本的流動是重要的，但知識的流動更為重要，它真正使地球變成「平」的。落後國家經過努力學習可以變得先進，先進國家如果逆全球化，固步自封，拒絕學習，也可能變得落後。在中國和日本的現代競爭中，大前研一只不過講出這樣一個事實。在 1860 年代，當日本人的頭腦不斷地更新知識，開始懂得開煤礦、鑄銀幣、造輪船鐵路、搞立憲時，中國人還在為鐵路破

壞風水、現代天文學破壞祖宗成法而爭論，致使自己國家坐在世界最大的煤礦上卻要進口煤炭，自己國家的江河裏卻行駛着別國的輪船，將現代化的時機一再延誤，焉能不落後挨打？這就是沒有知識的後果。而當中國人掌握現代的高科技、創新自己的理論與總結實踐後，與世界的知識差距縮小甚至在相當多的領域超越世界時，就必然出現中國經濟規模達到與其人口規模相匹配的狀況。中國在世界中的地位，從經濟、政治、文化到科技發明，將慢慢恢復到原來的比重。這個情況，在最近的一二十年正在快速地變成現實，其未來的趨勢也越來越清晰。很多敏銳的西方學者，其實已經看到當今歷史正處在巨大的轉變當中。

中國全社會學習促進的創新與獨立自主方向，不單是關乎經濟發展，也是關乎政治以至外交。越能創新與獨立自主研發，中國越有綜合實力，也就更能維護自身利益。可預期，中國將加大在創新與獨立自主研發方面的投入。

中國執政的共產黨在過去五十多年的治國策略中，有做對的地方，亦有做錯的地方。無論如何，中國於 2010 年已成為世界第二大經濟體，2030 年後將超越美國。在過去的時間裏，對與錯的加減總和必定是對的數量與質量超越錯的，中國才能取得如此的成就，創造英國工業革命以來經濟成長的奇跡。在過去近百年中國人整體的努力下，一定是走對了方向才有今天。由於西方世界的價值觀主導全球輿論，加之美國在與中國的競爭中掌握百分之八十的話語權，

故不斷放大中國做錯的某些事的細節，反覆在全球傳播，即使事後已再三證明當時中國施政有此必要，有利於全球發展，歐美亦沒有給中國一個公道的評述。過往最典型的例子是一胎政策與戶口制度（雖然具明顯的有效性，多年都有循序漸進地改善），近期則如互聯網管理、社會維穩措施（雖然全球許多國家也認為有其必要）。只是西方社會，尤其是特朗普上任後，整個國際形勢混亂，才較少妖魔化中國的評述，中國的形象才在世界知識界趨向正面（按全球各國人民的普查）。暴政與妖魔般的管治不可能造就十三億人口的信心與美滿感，也不應該會讓中國將成為世界最大經濟體。中國人要好好認識自己的國家，要講好中國自己的故事。世界也要不帶偏見、如實地瞭解中國，這樣做有利於全球的融合與發展，有利於吸收對方經驗，共同進步。

發展的三個階段

中國的 GDP 在 1842 年前一直領先全世界，但之後一直向下滑落至現代時期。現今中國的道路是按自己的實際情況走出來的，這找尋出路過程的崎嶇坎坷使平民百姓受到很多苦難，仁人志士也犧牲不少。就以中國共產黨執政前期的試錯來說，由於摻雜了政治鬥爭與認知及理論找尋過程中的過激政策等因素，導致甚多家破人亡的事情，對個人、家庭與社會造成的傷痛及破壞是巨大的。我們要總結有關經驗，並予以彌補並避免再度發生。用大歷史的眼光看時，這些可能是變革的社會成本，有的甚至無可避免，且其影響相對是

短暫的。1947年印度在甘地的帶領下獨立，採用平和不作巨變轉折的方式，在社會舊傳統如種姓等級制等仍繼續廣泛存在的狀況下，走西方選舉式民主制，成效如何仍待歷史檢驗。但若以2017年GDP世界排名看經濟社會變革成效，中國則領先於印度。

我把中國近現代的發展道路分為三個時期：覺醒期、奠基期、加速期。

1842年到1949年這107年可以稱為「覺醒期」或「摸索期」。本來清朝皇帝生活在天朝大國的蒙昧中。1842年鴉片戰爭後開始覺醒期，用李鴻章的說話，就是震驚於三千年未有之大變局。這一百年中，中國從皇室到一般的讀書人都在找尋中國發展的道路，名單很長，包括拋頭顱灑熱血的秋瑾與「百日維新」的六君子，領導推翻帝制的孫中山，更多的是默默無名的犧牲者，這裏可以列出一張死人無數的清單，這是國家民族的大損失。但沒有他們的努力與犧牲，也就找不到後來發展的道路。（近百年志士仁人的努力，詳見書後附錄《近現代人物簡介》。）

這一覺醒期先是產生改良思潮——鴉片戰爭前後的經世致用學說、洋務運動、維新運動——之後產生辛亥革命，接着在軍閥時期、抗日戰爭時期、國共內戰時期延續兩個發展道路的方向——國民黨為代表的向英美學習的改良方向，以及共產黨為代表向法俄學習的革命方向。

中國歷史的演進

傳承文明體系
(3,000年前)　　周、春秋戰國、秦至清的各種經得起考驗的思想、體制

百年摸索
(1842年-1949年)　　洋務運動
維新革命
辛亥革命

打下發展基礎
(1949年-1978年)　　自力更新
獨立自主
掃平社會障礙

改革開放至今
(1978年-)　　解放思想(貓論、實踐檢驗真理標準、平反幹部)
開放改革(建立經濟特區、落實一國兩制、持續反貪腐、六四風波後擴大開放)
學習(派遣留學生、吸納新知技術與體制、引進外資)
創新(傳統重新詮釋、「三個代表」、科學發展觀、以民為本)
跨越(中國模式、創制、中國夢)

小康與文明復興展望
(2049年-)　　全球最大經濟體
恢復中國歷史上的地位

可以想像這個時期的後段中國是受到極大破壞的。我收集一批 19
世紀英國人畫中國的畫，是描繪香港、廈門、廣州、上海等地方，
是未經歷大破壞的情景。那時的中國是相當美麗，屋宇廟宇等都很
漂亮、整齊。看到後來的殘破景象，就知道經過一百年的大破壞
後，中國變得一窮二白。

第二個階段稱作「奠基期」，從 1949 年到 1979 年，就是開放改革之前的三十年，所謂「前三十年」。早幾年談中國發展時，大多數人只講「後三十年」，就是 1979 年到 2009 年，即鄧小平改革開放主導的三十年，但很多的研究資料顯示不應這樣看，因為鄧小平的開放改革造就中國成為世界工廠這一巨大成就，其技術、生產力的基礎是在前一時期打下的。從 1949 年到 1979 年，中國經歷建國、土改、三反五反、1957 年反右、1958 年大躍進、1960 年劉少奇主政、1966 年至 1976 年文化大革命，期間發生了林彪事件、鄧小平復出、四五運動、四人幫倒台。既然這三十年有那麼多的破壞性運動，怎麼還能說是「奠基」？有位印度裔學者研究比較甘地與毛澤東對自己國家的影響後指出，甘地沒有在印度進行全面的社會改革，毛澤東則掃平了中國的特權階級，地主沒有了，資產階級沒有了，外國勢力消失了，建立起一個當時來說比較公平的社會，這對中國未來勾勒發展藍圖具有重要意義。當然，中國那段時間不正常死亡人數很多，很多人傾家蕩產，也造成現在仍有那麼多人反共的情況。客觀地說，甘地沒有觸動到印度社會的基礎制度，毛澤東則建設出一個新國家，其「獨立自主、自力更生」的方針，為以後的發展速度創造了條件，也發展了「兩彈一星」的科技能力。若以中印兩國未來經濟能量做一個比較，更能說明問題。高盛的研究推算，到 2050 年，印度的 GDP 相比美國和中國仍有一段距離，再多一百年印度也說不上會超過中國。這裏，各國學者能做客觀的比較，總結不同地區及民族的發展經驗，會有益於世界進步。

中印主要生活指標對比

	中國	印度
人均期望壽命 (歲, 2010年-2015年)	75.43	67.47
嬰兒死亡率 (‰, 2010-2015年)	12	41
孕產婦死亡率 (‰, 2015年)	2.7	17.4
成人平均受教育年限 (年, 2015年)	7.6	6.3
基尼係數 (%, 2012年中國, 2011年印度)	42.2	35.15
識字率 (%, 2015年)	96	72

資料來源：聯合國2015年《全球人口發展報告》、世界衞生組織1990年至2015年《孕產婦死亡率趨勢報告》、聯合國開發計劃署人類發展數據、世界銀行初級住戶調查數據

或許討論奠基期時，要對毛澤東的地位加以討論，從而說明其中一些問題。中國人對毛澤東的態度與看法經歷過一段複雜的演變：從初時的崇拜，到文化大革命、特別是林彪、四人幫事件發生後的討厭，後來研究中國發展道路時的冷靜與理性。毛澤東客觀上掃平了發展道路上的許多障礙，當然在過程中使國人作出很多犧牲，社會也遭受很大的破壞。北京城的改造就是其中一個例子，就因為毛澤東認知上的錯誤，使古城樓等不少舊建築物沒有保留下來，也造成後來發展的局限。但問題亦與當時整個民族對傳統古文化的認知有關，與建國初期的政治、社會氣氛有關。要知道，一些舊建築與文物往往載負着民族屈辱的印記，而不是光榮的回憶，故所有沿海大城市罕有保留古城區的。那時候對拆掉舊建築物社會上沒有強烈反對，所以不能只怪毛澤東一人。我認為毛澤東的現代知識是薄弱

的，他可以在革命戰爭中得天下，卻難以設計一個現代化中國。近代中國領袖，包括毛澤東，都想中國現代化，能夠富強起來，他的空想烏托邦的確造成不少的危害，但中國在他死後的發展卻與他當政時的政策措施有關。毛澤東時代，中國建立了齊全的工業部門，從太空火箭到一粒螺絲釘都是自己做的。現在俄國民生工業之所以還比較落後，皆因在蘇聯時期採用社會主義大家庭分工政策，俄羅斯與其他加盟共和國有所分工，結果俄羅斯沒建立甚麼輕工業，而軍事、石油與礦產等非民生的重工業則非常發達。中國工業門類齊全，各種科技、人才都有，雖然比較粗糙與初級，一旦開放，引進資本與技術，便很快完成學習、模仿的階段。其實從 1949 年到 1979 年，中國 GDP 的增長速度也是相當快速的，不過不是明顯體現在人民生活方面。若將這三十年跟 1949 年以前的 GDP——只佔全球的 4.5%——作比較，還是有很大的增幅。

毛澤東的政策主張與當時的國際政治外交環境及歷史有關。1949年以後，遭受美國為首的西方圍堵，以後又與蘇聯鬧翻，中國不能不自力更生、獨立自主。當然這也與中國長期雄視四周的歷史，以及有幅員廣大的國土與眾多人口支撐有關。我們這種民族自尊的確是有歷史本錢的，這亦是西方對中國崛起有所顧忌的原因。所以，看問題不能孤立地看個人，哪怕是偉大領袖，還要看環境與歷史。

第三個階段我稱之為「加速期」。由於有 1949 年到 1979 年的「奠基期」鋪排，包括社會組織、經濟生產技術方面能力的形成，才有

了由 1979 年到 2009 年的三十年以至後來的發展。從 1979 年到 2010 年間，我們看到胡耀邦上台、「實踐是檢驗真理的唯一標準」大辯論、鄧小平的「貓論」和特區試點的出現、全方位開放、江澤民「三個代表」的提出，至此共產黨由革命黨改變為執政黨。[45] 之後胡錦濤的科學發展、持續發展和以人為本的觀念，我肯定為 21 世紀發展的前瞻觀點，尤其是胡錦濤所倡導的中央學習制度，更是有巨大的引導作用，問題在於領導人的堅持與否。習近平時期更強調政府轉向服務型，習近平的「中國夢」與「人類命運共同體」的提出，則企圖凝聚國內外共識，以推進中國與世界的進步。美國哈佛大學費正清研究中心對習近平時代與乾隆時代的隱喻式描述值得中國學者研究，本書第七章第二節中有簡單介紹。

在這個加速期，我們看到中國更多的發展成果。這也得到很多客觀參數的印證，如 2000 年制訂的聯合國千禧年發展目標，中國大都如期落實。在這三十年中，中國減少了兩億多貧困人口，根據聯合國的絕對貧困標準，剩下的貧困人口數字是一億五千萬左右。[46] 中國對自己越來越有信心，2008 年的奧運會和 2010 年的世博，以及期間對金融海嘯的處理，讓國人發現自己可以參加世界進步發展的比賽了。

[45]「三個代表」的內容是：中國共產黨必須始終代表中國先進生產力的發展要求，代表中國先進文化的前進方向，代表中國最廣大人民的根本利益。

[46] 中國將在十二五規劃的第一年，將貧困標準上調到人均純收入 1500 元，全國貧困人口將隨之大大增加，或可破億。與此同時，國務院扶貧辦提出將在 2020 年基本消除絕對貧困。儘管中國大幅上調貧困標準，但與國際水準相比仍然較低，甚至低於鄰國印度。見《文匯報》，2010 年 12 月 25 日，《為中國提高貧困標準叫好》。

但這三十年，中國也遭受很大的損失，其中一項是環境的破壞，可能需要用很多年的投入才補救得到。因為缺乏經驗、規劃、監管與心態問題，粗獷型發展的戰略導致亂開發、產能比例低等後果。除此之外，中國還付出巨大的社會代價，如大量在城市打工的農民工造成不少自身的家庭問題（包括大量在農村的留守兒童），為世界提供價廉物美消費品的中國世界工廠的地位，就是這些中國人打造出來的。因此，世界的通脹受到抑制，各國的民生得益。外國人說這些是血汗工廠，他們說得對，我們賺取的是「血汗」錢，先進發達國家，如美、日、德（在中國最大的投資者），賺得最多利潤。有一項統計顯示，每百元產值中國得不到10%，還要付出環境惡化等代價。但畢竟中國上路了，且在轉變發展模式，十二五規劃提出拉動中國經濟的三駕馬車，順序從出口、投資和消費轉向消費、投資和出口。中國在2014年已經從資本的淨流入國轉變為資本淨輸出國。

在加速期，人民生活得到明顯改善，依法管治得到加強，不涉及政治的言論自由得到保障。某些事情的執法不公與錯誤、對人權與自由保障不足的案例確實存在，但大批經常出入國內的人，以這三十年和之前三十年相比，總體上感覺政府是尊重自由、民主、人權，以至公民的維權行為，只要它們不以改變政制為目標。《物權法》於2007年頒佈後，所有在大陸的土地投資者清楚地認識到它的作用——那些釘子戶受到保護，投資者受到監管——當然也有不受監管的案例。在民主、人權方面的確還有頗大的改善空間。

對法規的執行，如果聚焦一兩件案例、一兩個人物，比如劉曉波事件、馮正虎事件，我們會看到很多負面的東西，這都是一般中國人不想見到的。但從大歷史的角度去看，對政府施壓讓它改正之餘，還要知道中國處於一個急速發展的階段，要給些時間，不要強施外力影響，以免引致整個社會動盪，人民反而不能受益，這是多國政治學者研究比較得出的結論。我相信當條件成熟時，中國人民與執政黨會做出正確選擇，以應對國內的穩定需要與國際的挑戰。現在中國有了初步亮麗的成績，到 2050 年便進入全面小康，中國的文明復興指日可待，亦使世界經濟有一個更大的發展引擎，使全球人民得益。

大歷史的觀察

思考中國的發展道路要從整個世界及中華民族的大歷史着眼。反覆思考今天中國的成果，並非從空白處建立起來的。如使人口大致安穩於農村、使農民與土地建立緊密關係的農村戶籍制，並非今天共產黨創造的，「編戶齊民」的做法可追溯至先秦時代。

由 1842 年鴉片戰爭中國失敗開始，近一百七十年以來，志士仁人都在尋找國家現代化之路，所以我把從晚清至民國所做的種種努力納入我考察範圍之內，而地域上，除大陸，台灣與香港我亦會研究。就以台灣為例，清政府在台灣的建設與管治經驗也是中國尋找現代化的努力的重要部份。在這方面，李鴻章、沈葆楨、劉銘傳等

官員都有貢獻。當時，左宗棠和李鴻章爭論以陸防抑或海防為主，前者主張陸防，穩定新疆，後者主張海防，派沈葆楨和劉銘傳去駐守台灣任巡撫（即今天的省長），並令他們在那裏建設海防。新疆建立行省三年後，台灣也建立為行省，李鴻章計劃將之建成現代模範省，鐵路、工廠、銀行等項目都在那裏試行。這麼做的原因是台灣遠離朝廷，山高皇帝遠，便於改革。李鴻章調動他的派系去開墾台灣，還在香港招攬人才去開發，並附送牛、耕具和種子等物資。談近一點，今天國民黨和民進黨的政黨輪替，也能給我們現代化提供參考。

又以香港為例。過去百多年來，在中國經濟建設或政治發展上，香港皆有投入。如李鴻章出訪時的顧問和翻譯，其中有香港人，他的私人醫生也來自香港。香港在洋務運動中扮演重要的角色，清政府就是通過香港上海滙豐銀行借貸支持建設項目。今天，香港的政制發展能否給中國起到參考、試點與試錯的示範作用，還有待觀察。

從大歷史的角度來看，這一百七十多年的中國處在一個數億、十幾億人的大試驗過程當中，處在不斷學習、試錯的過程當中。整個中國近現代史就是一部學習、改革、發展追趕世界先進的歷史。1989年「六四」事件也可視為一次試錯經驗，希望我們能得到真正的教訓，避免歷史悲劇再度發生。

大洲規模國家的參照

中國不能簡單地模仿西方發展。作為一個有 13 億人口的大國，國情之錯綜複雜，不可能照搬一個制度就可以解決所有問題。試看整個歐洲先進國家的「成功」制度都是在小國寡民的條件下形成的，人口眾多諸如印度、印尼、中國等還是要按自己的國情來設計制度，正如習近平說的「鞋子合不合腳，自己穿才知道」。中國作為「天下」規模的國家，一定有別於中小型國家。說發展民主，當今民主制度的來源之一的瑞士，其民主有近八百年歷史，但其「小國寡民」的精細模式只能提供一些參照，不可能直接搬到中國來，因為它施行的社會成本極高，中國負擔不起。

西方主流的自由民主選舉模式，中國也不能全盤採用。它的一些理念中國是加以肯定的：市場在資源配置的作用；私有財產的保障；自由、民主和人權的尊重。不過，中國不接受資本毫無規範的運作、不顧家庭與社會利益的絕對個人權利及自由的行為。世界先進國家也在研究解決這些問題。當然這些問題跟大洲規模沒有太大關聯，但中國規模大、國情錯綜複雜，中央政府確實需要兼顧多方面，平衡各種利益。

估計中國在二三十年後將是歷史上從未有過的超大型經濟體（比美國還大）[47]。 英國歷史學家湯恩比認為，中國是最有條件談「天

[47] 根據高盛預測，2050 年中國 GDP 接近美國的兩倍，見 Dominic Wilson and Anna Stupnytska, "The N-11: More Than an Acronym", Global Economic Papers, 153, March 28, 2007.

下管治」的國家。五千年文明古國得以再度復興，這並非只是民族光榮，而是人類歷史發展的問題。其他古文明如古埃及已不可能復興，希臘和羅馬也沒有復興的跡象，印度是個大文明古國，但到目前為止都沒有形成大跨度的天下觀。所以，中國這個五千年文明古國的走向將對人類何去何從有巨大影響，很值得世界研究。

星球意識和物種意識的視角

有關中國道路，還應從物種意識與星球意識去思考，這是一種意識的飛躍。我相信往後，人類會更多談論這兩個意識。斯蒂芬‧霍金教授說，如果不談星空，人類不會有前途。[48] 我提出物種意識與星球意識，就是想超脫人類意識，要認知人類乃是物種之一，人類不是萬物之靈，另方面，要意識到地球是無限宇宙中一個很小的成員。因此，我們要謙卑，試想若以人類為中心的意識支配的生活方式繼續，我們這物種能否在這星球生存多兩百年呢？

聯合國在 2000 年公佈的人類基因庫資料顯示，人類是用 25 萬年才遷徙到全球各地，人類是一對人類基因「亞當」、「夏娃」繁衍出來的。現代智人的祖先最先在尼羅河源頭的非洲東部出現，然後每年以 16 公里的速度，順着河谷以採集果實為生，向紅海方向擴

---

[48] 科學網，2010 年 8 月 10 日，「霍金：地球遲早要毀滅，移居外星球是唯一出路」http://news.sciencenet.cn/htmlnews/2010/8/235809.shtm，瀏覽日期：2011 年 1 月 26 日；Big Think, August 6, 2010, Stephen Hawking's Warning: Abandon Earth—Or Face Extinction, http://bigthink.com/ideas/21570, 瀏覽日期：2011 年 1 月 26 日。

展，在七八萬年前渡過紅海。《聖經》上的某些記載，其實是我們人類某些依稀的記憶，一代一代地流傳下來。到一萬兩千年前的時候，人類才到達最後一站——南美之極。

若中國人普遍持有物種意識與星球意識認識人類的演變，進而建立「民胞物與」的胸懷，知道要善待不同地方的族群、其他物種以及我們的生態環境，對如何進行建設、對外交往，將會採取更加共融的態度。

中國道路一定會對主導世界三百年的西方社會、政治、經濟、文化觀有所衝擊，從而影響世界發展方向，甚至會促使人類作出重大選擇：選擇拉茲洛教授等人強調的人類物種的和諧觀；選擇亨廷頓教授所持的文明衝突論。[49] 如果歐美各國對中國復興所持的態度是亨廷頓的文明衝突論，就會視之為對西方強權的挑戰。另方面，中國人能否用恰當的態度去面對自己的文明復興，能否去掉狹隘的民族主義立場，能否去掉壓迫與反壓迫兩極的鬥爭情緒，達成人類命運共同體這個理想呢？萬種同根，愛是源泉，以上問題都需要大智慧去面對。人類禍福視乎我們如何抉擇。

美國前財長薩默斯說 21 世紀中國是核心議題，因此有必要全面深

---

[49] 歐文•拉茲洛（ErvinLaszlo，1932-），匈牙利科學哲學家，他是布達佩斯俱樂部的創始人，發表了 75 本專著和超過 400 篇論文，並是《世界未來：廣義進化論雜誌》主編。薩繆爾•亨廷頓（Samuel Phillips Huntington，1927－2008），美國政治學家，以「文明衝突論」聞名，著有《文明的衝突與世界秩序的重建》。

入研究。[50]中國道路的成功不表示中國要壓倒全球，要輸出其模式。中國的經驗對一些處在同等發展階段的國家，甚至某些發達國家，也許有參考價值。如果其他國家因而能發展經濟、改善民生，避免一些失誤，世界整體上有所進步，當然是大好事。

中華文化傳統根源之（一）

都江堰

古代工程能夠保存到今天的不多，金字塔、長城算是，但只剩下旅遊價值，能夠一直對人們的日常生活發生作用的寥寥無幾。古代灌溉系統今天能留下來的也不多，比如古埃及和巴比侖的水利工程，秦朝的鄭國渠，漢朝的靈渠，今天早已湮沒無存。而中國四川建造於公元前256年的都江堰，兩千二百多年來一直發生作用，使四川成為「天府之國」，不能不說是世界工程史上的一個奇跡。

秦昭襄王五十一年（公元前256年），秦國蜀郡太守李冰和他的兒子，吸取前人的治水經驗，用八年時間修建了都江堰。其整體規劃是將岷江水流分成兩條，一條順着原來的江道流走，一條引入成都平原，既可以分洪減災，又可以引水灌田。主體工程包括魚嘴分水堤、飛沙堰溢洪道和寶瓶口進水口。

---

[50]《中國日報》，2010年11月25日，「奧巴馬經濟重臣薩默斯：二十一世紀的核心話題是中國」，http://www.chinadaily.com.cn/hqcj/zgjj/2010-11-25/content_1273663.html，瀏覽日期：2010年12月21日。

一、寶瓶口。李冰父子對地形和水情作了實地勘察，以火燒石，使岩石爆裂，在玉壘山鑿出一個山口。因其形狀酷似瓶口，故名「寶瓶口」，把開鑿玉壘山分離的石堆叫「離堆」。有了寶瓶口，一部份岷江水就可以被引到東邊，灌溉那裏的良田，減少西邊的流量，使西邊不再泛洪。

二、分水魚嘴。寶瓶口雖然起到分流和灌溉的作用，但因江東地勢較高，江水難以流入寶瓶口，為解決這個問題，李冰又在岷江中修築分水堰，將江水分為兩支：一支順江而下，另一支被迫流入寶瓶口。由於分水堰前端的形狀好像一條魚的頭部，所以被稱為「魚嘴」。

魚嘴的建成將上游奔流的江水一分為二：西邊稱為外江，它沿岷江河水順流而下；東邊稱為內江，它流入寶瓶口。內江窄而深，外江寬而淺，在枯水季節水位較低，則讓百分之六十的江水流入河床低的內江，保證成都平原的生產生活用水；洪水來臨時，由於水位較高，則將大部份江水從江面較寬的外江排走，這種自動分配內外江水量的設計被稱作「四六分水」。

三、飛沙堰。為控制流入寶瓶口的水量，起到分洪和減災作用，防止灌溉區的水量忽大忽小不穩定，李冰又在魚嘴的尾部靠近寶瓶口的地方，修建了分洪用的平水槽和「飛沙堰」溢洪道，以保證內江無災害。溢洪道前修有彎道，江水形成環流，江水超過堰頂時洪水中夾帶的泥石便流入到外江，這樣便不會淤塞內江和寶瓶口水道，

故取名「飛沙堰」。飛沙堰採用竹籠裝卵石的辦法堆築，堰頂建到合適的高度，起調節水量的作用。當內江水位過高的時候，洪水就經由平水槽漫過飛沙堰流入外江，使得進入寶瓶口的水量不致太大，保障內江灌溉區免遭水災；同時，漫過飛沙堰流入外江的水流產生漩渦，由於離心作用，泥砂甚至巨石都會被拋過飛沙堰，因此還可以有效地減少泥沙在寶瓶口周圍的沉積。為觀測和控制內江水量，李冰又命人雕刻三個石椿人像放入水中，以「枯水不淹足，洪水不過肩」來確定水位。他還鑿製石馬置於江心，以此作為每年最小水量時淘灘的標準。都江堰每年都會做一些小的修護工作，這樣歷經二千二百多年，到今天仍然灌溉着成都平原的萬頃良田，排洪解旱，庇護着四川盆地的億萬百姓。

都江堰的建成，為蜀郡農作物旱澇保收、百姓富足奠定基礎。秦國能夠統一中國，很大程度上也要歸功於都江堰帶來的後方的物質保障。後世的歷朝歷代，沒有不繼續維修都江堰，使它保一方平安富足的。1872 年，德國地理學家李希霍芬（Richthofen 1833-1905）稱讚「都江堰灌溉方法之完善，世界各地無與倫比」，並在《李希霍芬男爵書簡》中設專章介紹都江堰，他是把都江堰詳細介紹給世界的第一人。1986 年，國際灌排委員會秘書長弗朗傑姆帶領國際河流泥沙學會的各國專家參觀都江堰後，對都江堰科學的灌溉和排沙功能給予高度評價。1999 年 3 月，聯合國人居中心官員參觀都江堰後，建議都江堰水利工程參評 2000 年聯合國「最佳水資源利用和處理獎」。2008 年汶川大地震，震中離都江堰不遠，但都江堰再一次經受住考驗，安然無事。

第五章

中國之路特色：社會篇

中華文明體系

任何國家的發展總離不開它的社會狀況,而社會狀況是在歷史中形成的,也是與經濟和政治等方面互動的結果。談中國道路的形成,先談其基礎性的社會結構,有了這個討論,對下面篇幅談到的經濟和政治結構也比較好理解。

西方國家富裕數百年後,它們先進的社會制度、工業科技、文化體系在很長時間主導世界。但要指出,這段時期西方國家是透過戰爭掠奪殖民地,來擔負它們對各種資源的耗用,以維持本國的經濟民生水準的,殖民地的民主與人權則受到壓制。由於過去一段長時期,亞洲、非洲、中南美洲等殖民地處於落後狀態,故與西歐、北美殖民國比較,形成很大的等級差別。於是普遍認為歐美的制度先進,其他地區的落後,一講世界文明、普世價值,會以西歐北美為標準。

中國在近代經歷部份國土淪為殖民地(如香港與台灣)以及半殖民地(上海等地的外國租界),但中國沒有給滅掉,中央政府一直在運作(雖然不是管治全部國土),從春秋戰國形成至今的中華文明體系並沒有消亡。最近幾十年,執政的共產黨犯了不少錯誤,但今天研究中國發展道路,要從中國傳統、歷史與文明體系入手,不能只看共產黨的得失。只有瞭解中國需要一種以家庭集體利益為依歸的體系,才會認識到中國人民的追求和政府的管治究竟是甚麼。

多年前，有朋友找我簽署支持「香港核心價值」的聲明[51]，我沒有答應，因為我不清楚香港人的核心價值是甚麼。我們談中國發展道路，要知道中國人的核心價值是甚麼。如果你問農民他們的核心價值是甚麼，他們一定不會回答說民主。當然你可以說我們要教育他們重視自己的權利，但也許一百年後才能形成這樣的價值觀。縱覽世界史，任何普世價值的向外迅速傳播，皆離不開劍與血的力量，滲透式溫柔的教化傳播需要時間。香港殖民時期，政府教育市民不要隨地吐痰，用了五十年時間。在中國，教育農民懂得行使民主、投票權，只能用更長時間。中國政府舉辦世博花了幾百億元，才讓老百姓學會排隊這個文明行為。

中國傳統價值觀是先倫理後法律。孔子在《論語》中的一則故事說，父親偷了羊，作為兒子要如何做呢？孔子認為要為父親隱瞞偷羊之事，不要張揚，因為以法律去衝擊倫理是不妥的。[52] 這說明在中國傳統的價值觀中，先天的倫理關係是比後天的法律條文更重要的。因此，中國傳統是以家庭而非個人為社會基本單位。中國人時常講「大家」，就是把個體融入或擴大為一個集體，但基礎還是「家」。所以，中國的一些學者提出「社稷」概念，來解釋中國傳統的社會結構。在「社稷」結構裏，沒有西方社會的「社會與國家」的兩分，中國人所講的「國家」，國與家其實是一體的，國是家的擴大、延伸。

---

[51] 2004年6月初港人發起針對當時管治危機的「香港核心價值宣言」，當時提出八組核心價值——自由民主、人權法治、公平公義、和平仁愛、誠信透明、多元包容、尊重個人、恪守專業——認為此乃香港現代文明的基石。

[52]《論語‧里仁篇》

春秋時期諸子百家的思想——儒家、道家、墨家、法家、陰陽家、縱橫家等——對中國傳統的形成都有影響，其中一些觀念已成為百姓的日常生活價值、言行標準。在主流文化的儒家影響下，我們的傳統甚為重視家庭倫理，形成一個「同心圓」結構，即從個人、家庭、鄉里、國家以至天下，由內向外推展的人際關係。儒家所講的「修身齊家治國平天下」的進路表現了這一思想。宋明時期的理學家則加入內心修養的「誠意」、「正心」。晚清的曾國藩重經世之學，以修己治人、經邦濟世為目標，強調以「禮學」包容宋學和漢

中華文明傳統

個人
目標：修身
方法：格物致知、
誠意、正心

家庭(六親)
目標：齊家
方法：宗法制、
資源控制、保護

國家(社區)
目標：治國
方法：社稷、田土、
保甲、士紳、科舉

天下(世界、自然)
目標：平天下
方法：天人合一、
天下為公、合縱連橫、朝貢

學，但亦跟儒學宋學一樣，追隨「誠意、正心、修身、齊家、治國、平天下」這個由心到身，由己及人的「外推」路線。一個人內在的誠和正，是通過服從禮制，遵守家庭、國家的義務體現出來的。諸子百家的思想與傳統組成了中華文明。

明白中國三千年的傳統思想，才能瞭解中華文明，瞭解中國人的觀念，對春秋戰國時代的諸子百家學說要有一個基本認知，才能瞭解中國。中華文明用各種制度影響了中國人的傳統才有今天的中國，正如孟德斯鳩所說，有這樣的人民就有這樣的政府。

中國人眼裏的人與大自然的關係，應該是「天人合一」，所以人應該遵循大自然的規律，珍惜萬物，勿亂砍濫伐，破壞自然，人與自然福禍相倚，應該協調一致，和諧相處。這種觀念集中體現在中國人的「風水」實踐當中。現在江南仍有一些幾百年歷史的古村落，留有先輩經營的風水山林。在廣東各地以及香港新界的一些鄉村，也可見到風水林。有些地方對破壞山林的行為制定了嚴酷的懲罰條文，加上村民出於對祖先的敬愛和對大自然的愛護，所以「風水」得以保存下來，這也是中華文明的一部份。

中國是一個文明體系，不是一個單一的血緣民族體系。有學者指出，中華民族以一個文明體系為中心，包含多個種族。中國道路就是立足於這樣一個文明體系展開的。

制度下的人治

有關中國道路中的社會結構，另一個值得討論的問題為：中國傳統上是否一個「人治的社會」[53]？很多人把文化大革命和1989年「六四」事件歸咎到「人治」，這是一種因中國積弱後而形成簡單化了的「原罪」。我讀有關春秋時期的書，發現中國歷史上制度治國為常態，人治是「變態」（國家處於非常態時）。中國很早就有自己的創制。秦始皇是中國第一個皇帝，向來被視為「人治」或「專制」的開創者。其實秦始皇之所以能夠統一中國，是因為他建立了一套先進的經濟制度、法律制度和官員升遷制度，也有統一的軍事軍備。加上六國移民大量流入，才促成秦國統一中國，令「天下」車同軌、書同文、錢同幣、幣同形、度同尺、權同衡。後來的儒家學者不斷妖魔化秦朝，以致這個對中國原創文明立下巨大功勞者被唾罵了兩千年，但以後各朝仍用秦制，這是典型的「朝亡制存」。

中國的王朝管治以皇權為中心。明朝萬曆皇帝二十多年無上朝聽政，但政府仍然繼續運作，這是制度管治的一例。中國歷史是制度性管治多於人治的。能統治三百多年的王朝，都是制度性管治良好的朝代，前後有五個，而人治的國祚都不會長久。在西方，經過近

---

[53] 所謂法治，起初是英國人戴雪用來描述英國憲法的概念。在《英憲精義》中，戴雪賦予法治三個方面的特定含義，「首先標記法律排斥行使專斷權力的思想……；其次，法治意味着法律面前人人平等……；再次，在英國，法治反映了這種思想：憲法不是公民權利的淵源，而是一般法律所提供的救濟措施賜予個人以利益和自由的結果」。而人治是相對法治而言的，一般認為，在人治社會的國家中，人數處於絕對少數的特權階級、統治者掌握了大部份國家權力，國家各項法規政策的制定、修改和遵守，是以統治階級的利益為主。而對於各項法規政策的遵守，可以隨着統治階級利益的改變而改變。

兩三百年改進，美國所代表的自由民主制至今才延續二百多年，這足以證明它是永恆不變的制度嗎？

再來看唐太宗。他雖然通過玄武門事變以暴力奪取政權，但他的管治是相當制度化的，很多時候甚至主動接受制度的制衡。儒家政治理想是道德高尚的聖王通過道德感化來治理國家，這種理想很接近古希臘柏拉圖的哲人統治，以及亞里斯多德歸納的六種制度中的「君主制」。從中國古代政治制度來看，皇帝其實沒有絕對的權力。中國自秦漢形成大一統的政權之後，皇帝和政府就是分開的，皇帝是國家的領袖，象徵國家的統一；文官體系中的宰相是政府的領袖，雖然每朝宰相的官職稱謂不同[54]，但他們是身負政治上實際責任的。[55]制度裏面有人的因素，所以政治領袖的水準及他們與制度管治之間如何互動很重要。

從三千多年前的西周開始，中國已進入「制度」治理時期，有所謂「制禮作樂」，不只是政治上有制度，連人的日常行為都有制度去規範。不能說法治就沒有人的因素，我們需要重新思考中國傳統裏

---

[54] 如先秦叫相國，漢代為丞相。隋唐之後相權被一分為三，即中書省制定法令、政策）、門下省（審核中書省的法令、政策）和尚書省（執行法令、政策），三省的長官分別是中書令、侍中和尚書令（唐代一般不任命，由尚書僕射代理），並為宰相。中書省提出建議，議好後便呈交皇帝檢察。當皇帝認可時，便在其中寫「可」，不同意則交回中書省。故此皇帝無提議權，只有贊同權。而皇帝簽「可」後，交門下省審查，若門下省同意，才交尚書省執行。任何政令未經中書、門下而發出者均屬違例。北宋以「同中書門下平章事」的名稱指宰相，南宋以左僕射兼門下侍郎、右僕射兼中書侍郎為宰相。到了明清兩代宰相一職被廢除，內閣大學士部份承擔了宰相的作用，但權力小得多。

[55] 錢穆：《中國歷代政治得失》，上海：三聯書店，2001 年，第 3 頁。

面人治和制度的關係。任何一種制度都有由人帶來的施政差異，所以我認為不能簡單概括地說中國人只着重人治，不注重制度和法治。比如說身份證，早在西周就有周宣王「料民」之事載於史冊。「料民」指的就是清查民戶、統計人口。周宣王時就有官吏負責「少多、死生、出入、往來者」[56]，也就是人口和遷徙統計。根據到國都距離的不同，周朝將領土劃分為鄉、遂和都鄙，並實行不同的稅收、徵兵和土地制度。春秋戰國時的國家有其料民證，用一個竹片磨平一面，然後刻其頭像在上面，列出高矮胖瘦、有鬍鬚的、長頭髮的、光頭等特徵，並寫明身高和籍貫，清清楚楚。管仲提出「禁遷徙、止流民、圉分異」的政策，限制人口流動，以及自行分家。而商鞅的《商君書‧墾令》中則提出「使民無得擅徙」。春秋戰國時代有很多國家，國家之間進行人員流動的時候要有照，如果是趙國的就叫趙照，秦國的叫秦照。這個照也是現在的講法，意思為這位是我們的國人，現在到貴國那裏去，請給予關照，給他一些照護。連今天的國民出國護照內的用語也與戰國時大同小異。中國很早便建立這些制度，是一個因回應歷史環境的挑戰而非常早熟的社會。歷史學家湯恩比也這樣講，在世界那麼多民族裏，最完整最早熟的社會就是中國的社會。

周取代殷商後鞏固與擴大了封建制度，雖然在後世遭受諸多非議，它卻在歷史上起過重要作用。周天子通過分封族人或盟友在各個地方成立諸侯國，做屏障以維繫天下統治。這個封建制度到戰國後期

---

[56] 《文獻通考‧卷十‧戶口考一》

已經逐步被取消，秦統一天下後改行郡縣制，即由中央政府派員到地方進行管理。封建制度與郡縣制在不同的歷史時期扮演了角色。

可以說，中國歷史上的管治都有制度作支撐，其中當然有人的因素在起作用。歷代皇帝中「朕即天下」的思想大有人在，他們時有不理會法律、制度的舉止，人與制度因素互動，每個朝代的情況都不同。中國有制度下的人治傳統，這是現今中國道路的一個特色。

延綿的傳統

當今中國實行的一套制度與政策，為其在歷史上形成的社會結構所支撐。就以之前談及的戶口制度為例。戶口制度源於數千年前的戶籍制度，現代的戶籍制度於 1958 年全國人大常委會討論通過《中華人民共和國戶口登記條例》而正式確立。它根據地域和家庭成員關係將戶籍劃分為農業戶口和非農業戶口。戶籍制度使得人們在不同地域之間的遷徙和定居非常困難。這一制度在中國已經有兩千多年的歷史，除上文說的周朝「料民」，以後各個朝代都有不同形式的戶籍制度。宋朝王安石變法之後推行「保甲法」，規定「鄉村民戶以十戶組成一保，五十戶為一大保，十大保為一都保」。此後，保甲法在明清兩代相傳並一直延續到民國。

戶籍制形成中國的一些風俗習慣，如對籍貫的重視。始建於元朝已經有七百多年歷史的北京文廟裏樹立石碑共 198 座，上面刻有元、

明、清三代各科進士的姓名、名次及籍貫，共計五萬多人，可見中國人對籍貫有多麼重視。在香港，老一輩的人會這樣問別人，你的籍貫在哪裏？當然，更重要的是戶籍制對歷代的管治都是相當重要。中共建國後，戶籍制度為其有效管治起了基礎性作用。有學者認為，在戶籍制之下產生的城鄉二元結構是新中國六十年取得成就的最大經驗。[57] 當然，隨着中國社會農村的整體發展，農民身份國民化的出現，中國戶籍制度將會有所演化。

如果戶籍制只作為束縛人民以維持社會穩定的措施，並不值得肯定，其實它也是一個社會保障制度，讓農民擁有土地而不成為流民。淵遠流長的戶籍制是當今中國道路的社會結構的一部份，它是中國眾多的傳統制度中的一個。戶籍制與其他一些制度，若能加以調節、發展，定能發揮更大的正面作用。

就以管治制度來說，中國也有其長久傳統。以清朝為例，它有一套多元系統的報告、奏摺和密摺制度（由總督、巡撫向皇帝報告），有軍機處集體討論清廷大事，最終拍板則由英明領導。這裏面有滿洲部落傳統，八大王爺開會集體議政，最終皇帝決定。皇帝有兩套秘書班子，兩個「中辦」，一個是在養心殿，一個是在軍機處。現時中共也有中央政治局、中央辦公廳，功能類似。

在高層學習方面，中國也有傳統。如乾隆凌晨起床吃飯後，先行以

---

[57] 賀雪峰：《城鄉二元結構是中國發展模式的核心與基礎》收錄在潘維主編《中國模式——解讀人民共和國的 60 年》，北京：中央編譯出版社，2009 年版第 181 頁。

薩滿教儀式祭神，然後讀經史政論書，使自己頭腦清醒，知道上下古今之治理經驗。這跟胡錦濤時代開始的中央集體學習一樣。這個學習班高層成員要參加，不可缺課，缺課也要說出原因，如在習近平當家時，政治局常委的王歧山未能參加，會說明他因為某事在外，不能上課。

國家管治體系與社會體系的交織

中國的社會結構以家庭為核心，而中國傳統社會由獨立、自由的小農家庭構成。傳統社會與「官家」（國家）的關係形成一些學者稱之為「社稷」的體制，在這「家國同構」的體制下，社會與國家並不對立。這個傳統有助於當今中國形成國家管治體系和社會體系交織、配合的情況。國家管治體系包括黨、政、軍等，社會體系則包括城鎮的社區居民委員會、農村的村民委員會以及專門協會，如文藝家協會與各級婦女聯合會。區委會與村委會法律上被視為基層群眾性自治組織，但受政府指導與資助。在體制上，文藝家協會與各級婦女聯合會屬群眾組織，但受共產黨領導。在上海世博開幕那天，該市街道、弄堂都站滿戴紅臂章、黃臂章和綠臂章的民眾，分工負責環境衛生、紀律秩序和保安等工作，以防止意外事故發生。民間系統動員起來協助國家管治系統，產生巨大社會威力。對此，民眾並沒有反感或抗拒，而是積極參與。

在傳統的群眾組織之外，中國還有新興的非政府組織。有關非政府

組織，前總書記胡錦濤時期，中央政治局學習班邀請學者專家，講解非政府組織的社會效能，也請他們講宗教，討論如何協調宗教界為和諧社會出力。[58] 非政府組織有中國本土的，也有海外非政府組織在內地的分支機構，若不涉及政治活動，基本上當局容許它們存在，但會嚴加管理。如美國的美琳達·蓋茨基金會（Bill & Melinda Gates Foundation）就與中國政府合作多年。非政府組織被西方的政治學者、社會學者定義為對政府民主監察的一個體系，而不應該是為擴大政府管治功能偽裝成非政府組織的一些機構。

中國政府通過一個官民交織的系統，建立起全方位民意回饋體系，也通過這些基層自治組織、群眾組織以及非政府組織，調節與控制社會，達成有效管治的目標。這個體系有待中國與其他國家的實踐比照中作選擇，但在中國則是行之有效的。

着重得民心

對中國而言，「民主」是個外來概念。自古以來，中國人講「民本」，「民為貴，社稷次之，君為輕」。中華的「天命」觀是得民心則得天下。這裏有個天命如何體現的問題，在古代它是以改朝換代的方式體現，舊的王朝腐敗了，就要由一個天命所歸的集團建立

---

[58] 2007 年 12 月 18 日，第十六屆中共中央政治局第二次集體學習，題目為《當代世界宗教和加強我國宗教工作》，講解人是中國社會科學院的卓新平研究員和中央民族大學的牟宗鑒教授。

新王朝替代。得民心主要是通過良能管治來達成，就算現時中國特色的協商後差額選舉（不一定是西方式的）更替政府的做法已為中國人普遍接受，但良能管治帶來的政績使人民實質得益還是得民心的重要手段。

西方古代也有君權神授的理論以支持王朝的統治。近代西方建立起自由民主制度，主要是通過選舉實施，但對通過選舉表達民意的做法卻作了制度性平衡。如老牌的民主國家英國就有不由選舉產生的上議院（近年有了選舉產生的貴族代表），制約由選舉產生的下議院。當然，不是說政績在西方不重要，執政者政績明顯通常都能讓他們得以連任。由於文化傳統與制度安排不同，相較一些西方國家，中國認為在認受性方面政績比選票重要。

中國政府近年花很大力氣去解決民生的問題，即對資源作重新分配與平衡，範圍包括稅收、房屋、醫療、薪酬福利、物價，也就是打造良好政績以得民心。農民工問題也是其中一項。三十多年來，數以億計的農民工為中國以至全世界經濟作出了貢獻，為歐美等發達國家的低通脹和高水準生活付出血汗。農民工其實是備受剝削的。近年中國政府關注農民工問題，大城市開始接納他們為半個城市人，從子女讀書到住房等提供合法身份。政府也積極發展社會主義新農村，目標包括「生產發展、生活寬裕、鄉風文明、村容整潔、管理民主」，讓農民工返回家鄉或附近新發展的城鎮生活、工作，這樣農民就不用跑到沿海城市工作、生活。政府也在防止農村土地

的流失，農民工在家鄉沒有土地就會成為「流民」。中央採取大量措施鞏固農村，已連續十年把農村問題列為一號文件的主題，比如有一年的主題有關農村水利建設。中央運用其權威有效地調配資源和協調政策來搞好農村。過去人們只注意中央統籌的僵化缺點，沒有留意其有效性的成績。在資訊科技時代，資訊的大量、準確與及時有利於使用計劃及市場配合的中央統籌。近年中國農村的變化使其富裕程度比全球農業專家估計的要快。今後農民的權利和福利、農村城鎮化將會日益提升。近年農民人口有下降趨勢，但估計仍然佔全國人口的百分之六十以上，所以農民（包括農民工）生活的改善必然增加政府的政績，以至其認受性。

中國政府對工人的權益也在用氣力去改善。2012 年，台資的富士康在大陸工廠多宗員工跳樓事件發生後，一下子把工人薪酬調升120%，引起內地普遍工資大幅提高。有分析說，此舉是中國政府為回應人民幣升值壓力，藉增加工資來拉動物價通脹，與其把利益送往外國，不如給予本國的工人，也令外資工廠為減低工資成本而向內陸搬遷。無論如何，中國政府在薪酬方面給工人作了頗大的改善。

因為社會結構與傳統的關係，中國政府以民為本，着重政績、增加人民福利以得民心，有別於通過政綱承諾獲取較為短暫民意而取得政權的西方式選舉民主。這是觀察中國發展道路時要注意到的。

中華文化傳統根源之（二）

墨家

中國在春秋戰國時代湧現出大批思想家和思想流派，被後世稱為「諸子百家」，其中墨家是繼孔子的儒家之後出現的第二家。墨子，是人們對墨翟的尊稱，他在世的時間是在孔子之後、孟子之前（約公元前 470 年－381 年），一般認為他是魯國人。他早年的時候曾跟從儒家學習過，後來因為看到儒家無法應付當時戰亂的形勢，也看到儒家的一些弊端而決定自創門戶，提出新的學說。他和他的追隨者一起被人們稱為「墨家」。墨家一般是工匠，相當於今天的高科技人員。墨家與儒家在思想上展開競爭，一時「儒墨」並稱，成為兩大「顯學」。墨子死後，他的弟子禽滑厘成為墨家領袖。後來墨家分裂成為三派，有相里氏之墨、相夫氏之墨、鄧陵氏之墨。他們互不服氣，互相攻擊，這就削弱了他們的力量，到漢代時墨家就基本上消失。

墨子及其弟子的言行和思想，記載在《墨子》一書中。跟儒家、道家、法家等學派相比，墨家除了關心政治、戰爭外，最大的特色在於關心宗教和科學。在宗教上，它提出尊重天志，按照天的意志來辦事，統治者要順應天意愛護百姓，老百姓要敬畏鬼神，不做虧心事。在科學上，墨家的貢獻很多，力學中的槓杆原理、光學中的小孔成像、邏輯學中的排中律等，都是他們發現的。有的學者認為，墨家對於科學的貢獻，相當於同一時期希臘人的科學貢獻的總和

（其時亞里斯多德尚未出生）。這雖然有些誇張，但也可以看出墨家的特長所在。

墨子的基本思想是天志、明鬼、兼愛、非攻、尚賢、尚同、節用、節葬、非命、非儒。墨子認為，天是有意志的，能夠賞善罰惡（天志），鬼神也是有的，也會賞善罰惡（明鬼）。天希望人們兼相愛，交相利（兼愛），不希望人們互相殺伐，血流成河（非攻）。國君如果違背天和鬼神的意志，就會招來禍患。那麼天和鬼神的意志是怎麼體現出來的呢？實際上就是和當時人民的意志一致的，比如天和鬼神都愛好和平，不希望人們流血，這實際上就是當時人們普遍的願望。國君要順應天志，就要知道尚賢，從老百姓中選拔賢良的人才輔佐自己，治理國家，以體現民意（尚賢）。這樣，一旦上面有了決定，下面的人也就能夠堅決貫徹執行，全國上下如同一人（尚同），就不會出現無組織無紀律的渙散現象。這樣國家才能強大，敵國不敢侵犯。就治理國家而言，墨子反對鋪張浪費、奢侈之風（節用），尤其反對儒家所主張的厚葬和三年之喪這類的禮儀（節葬），認為它對消費、生產、人口增加都不利。除了葬禮之外，墨子還反對儒家的其他一些觀念（非儒），如天命觀（非命），認為它會導致消極無為的思想。墨子雖然反對戰爭，但他並不是和平主義者，他只是反對不義的戰爭，反對大國侵略小國、強國欺凌弱國。他是主張正義戰爭的。正義戰爭在他看來就是防禦戰爭，就是小國弱國面對大國強國侵略時如何保衛自己。所以，在《墨子》一書中可以看到大量的軍事科學技術，告訴人們怎麼守城、怎麼破除各式進攻，以及如何操練軍隊、製造守城器械等。

墨家的出現是為了迎接時代的挑戰。在當時，中國有幾十個國家，彼此攻伐，國家的統治者自己過着奢華的生活，卻強迫人民服兵役從事戰爭，弄得民不聊生。墨家作為當時最有技術的「先進生產力」的「代表」，希望各國能夠和平，百姓能夠過上平安的日子，而且不受太多的盤剝，因此提出了墨家的主張。

墨家雖然在漢代消失了，但是墨家鋤強扶弱、打抱不平的「俠義」之風仍在民間流傳，墨家重天意和鬼神的傳統也在民間宗教團體中存留。墨家的「非攻」是指反對戰爭，「兼愛」是指博愛，節儉是指環保、節約資源，注意同自然的平衡，還有用專業方式幫助其他弱小群體，這些都是墨家思想的精粹。除此之外，還有俠義精神，漸漸演化成中國民間的「俠」的概念和公平、正義的價值觀。武俠小說中「俠義」的概念也是來自墨家，後來甚至影響到整個華人社會中那類講義氣的組織。

中華文化傳統根源之（三）

法家

法家也是春秋戰國時期的一個思想流派。法家跟其他學派的不同之處是，他們大多是掌握着國家權力的實力派，他們在國君的支持下，從嚴治國，使國家有嚴明的秩序，軍隊有嚴格的紀律。他們的理論的關鍵字是「法」。這個「法」不是今天民主國家的「法治」（包括統治者在內的人人在法律面前平等，rule of law），而更

近於「法制」（統治者用法來治理國家，rule by law）。法家的代表人物是戰國前期的李悝、商鞅、慎到、申不害，集大成者是戰國末期的韓非子。

春秋時期，周禮逐步失去原有的效力，典章制度逐漸衰落。原有的分封制因為兼併遭到破壞，井田制也因為新開墾的私田增加而衰落，湧現出新的社會階層，對舊有的國家管理方式提出挑戰。齊國的管仲、晉國的郭偃、鄭國的子產等人頒佈法令與刑書，改革田賦制度，促進封建化過程，成為戰國時期法家學派的思想先驅。李悝曾任魏文侯相，提倡「盡地力之教」，主張大力發展農業生產，調整租穀，創「平糴」法，兼顧農人與市民的利益。他收集當時諸國刑律，編成《法經》六篇，分為《盜法》、《賊法》、《囚法》、《捕法》、《雜法》、《具法》。《法經》為中國古代第一部完整的法典。與他同時期的吳起先在魏國進行兵制改革，後在楚國進行政治改革，打破舊貴族的世卿世祿制，強迫舊貴族徙邊墾荒，獎勵「戰鬥之士」。商鞅則在秦國實行變法，主要內容是：開阡陌封疆，廢除井田制度，承認土地私有，獎勵耕戰，凡勤於耕織而多繳粟帛者可改變原來身份，有軍功者可授以爵位，實行郡縣制，主張用嚴刑重罰以杜絕犯罪。但是他排斥道德教化，輕視知識文化的作用。他用發展觀點看待歷史，反對法先王，主張法後王。

如果說商鞅重「法」，那麼另一個法家申不害則重「術」。術是指君主要掌握權術，用種種方法令大臣服從自己，達到統治的目標。

為防備大臣操縱權力、玩弄法柄，君主應以獨斷專行的手段實行統治。另一個法家慎到則有所不同，他強調的是「勢」，主張君主可以「握法處勢」，「無為而治天下」，君主應該將權勢與法結合起來，順「勢」而為，不必事事躬親，讓大臣也承擔部份責任。

韓非則將法、勢、術三者緊密結合起來。他認為，法指健全法制，勢指君主的權勢，要獨掌軍政大權，術指駕馭群臣、掌握政權、推行法令的策略和手段。君主要察覺、防止犯上作亂，維護君主地位。他主張加強君主集權，剪除私族勢力，「以法為教」，屬行賞罰，獎勵耕戰。在歷史觀方面，他主張因時而異，與時俱進，不必泥古。他把歷史分為上古之世、中古之世、近古之世和當今之世，認為當今之世已經進入「競於力」的時代，不能拘泥於古代的道德教訓，而應當「法後王」。這跟儒家、墨家和道家把上古之世當作黃金時代，一心想退回那個時代恰恰相反。在哲學上，他強調人必須遵循客觀規律進行活動，以「功用」的實際效果檢驗人的言行，帶有實用主義的色彩。跟儒家「人性善」相比，法家持「人性惡」的觀點，認為人都是有自然的貪欲情欲的，因此應當以法律約束之。

法家學派的法治理論對戰國時期的改革以至秦始皇統一六國，建立中央集權專制的封建國家起了重大的作用，並成為秦王朝的統治思想。西漢以後，獨立的法家學派逐漸消失，其法治思想被吸收到儒學的體系中，德刑並用，陽儒陰法。

法家的出現，是因為當時戰國紛亂，各國必須有統一的、有力和有效的中央集權，用法在國內建立良好秩序，從而能夠戰勝其他國家，取得戰略優勢。可以看到，法家的一些思想跟現代歐洲早期的一些理論相似，比如對權術的強調，就跟馬基雅維利相似；對君主為了國家的利益不惜使用專制維護國家的統一和秩序的觀點，跟霍布斯相似；強調君主的絕對權力和中央集權，則跟維護法國君主絕對制的布丹的主權論相似。因為現代歐洲早期也處於諸多國家的競爭當中，要在競爭中勝出，就必須集中全國上下的力量，達成優勢地位。即使在今天，在激烈的國際競爭中，法家的一些思想仍有借鑒之處。

中華文化傳統根源之（四）

陰陽家

陰陽家又稱「陰陽五行家」或「五行家」，也是戰國時期諸子百家之一。他們提倡陰陽五行的學說，代表人物有齊國的鄒衍。此外較著名的還有公檮生、公孫發、南公等人。

當時的人認為，天地來源於氣，而氣分為陰陽兩種，「陰陽，氣之大者」（《莊子‧則陽》），「一陰一陽之謂道」（《周易‧繫辭傳》），而萬物都有陰陽兩個方面。萬物在形態和性質上的不同跟陰陽不同成份的搭配有關。比如火這種物質，就是陽多而陰少。水這種物質，則是陰多而陽少。陰陽家將這種陰陽觀神秘化，「深觀陰陽消息，而作怪迂之變」（《史記‧孟子荀卿列傳》）。「五

行」指金、木、水、火、土這五種由陰陽變化而來的物質，它們也是組成萬物的元素。《尚書・洪範》中最早提到「五行」：「一曰水、二曰火、三曰木、四曰金、五曰土」。到了戰國時，就五行之間的關係，有人提出了「相生相勝」說。「相生」即「木生火、火生土、土生金、金生水、水生木」，大致是說「木能夠燃燒成火，火燒盡後會留下火灰像土、土裏有金屬、金屬能夠熔解成水、水能夠滋生營養樹木」；「相勝」即「水勝火、火勝金、金勝木、木勝土、土勝水」，大致是說「水能夠克服火，火能夠熔化金屬，金屬能夠砍伐樹木，樹木能夠從土中生長出來，土能夠築壩防水」。這些從經驗中總結出來的「相生相剋」的道理還是比較直觀、樸素的，也比較深刻地揭示了事物之間有互相聯繫、互相影響的方面。

但是，陰陽家不滿足於這種理論，他們將這種從自然界歸納出來的模式套用到社會歷史方面，從而提出「五德終始說」，即歷史朝代的更替遵循着五行相生相勝的規律。鄒衍認為，朝代演變是一種「生」與「勝」的關係。夏朝為何亡於商朝？因為夏朝是木，而商朝是金，金克木，所以商滅夏。商朝為何亡於周朝？因為商朝是金，而周朝是火，火克金，所以周滅商。按照這種理論，將來滅周的朝代就會是「水」。果然，秦朝取代周朝統一中國後，就以「水」為自己的象徵，以「黑」（代表水的顏色）為時尚，人們都穿黑色的衣服。這樣循環下去，那消滅了秦朝的漢朝就一定會是「土」，人們要以「黃」（土的顏色）為「正色」。漢之後，就會開始新的一輪循環。

作為一個學派，陰陽家在魏晉之後就不存在了。但他們的神秘主義循環論思想，還在人們的意識中有所保存，比如董仲舒的《春秋繁露》中就有一些天人相符、五德終始的內容，中國傳統的農曆中也有一些遺留。每當一個新的王朝取代舊的王朝時，人們都會自覺不自覺地用「五德終始說」加以理解和解釋，只是對於「生」與「勝」作了一些調整，比如水克火，火也可以反過來克水（將水煮沸煮成蒸汽蒸發）。據歷史學家吳晗在《明教與大明帝國》一文中所說，明朝國號「大明」，除了暗示它與明教的關係外，亦因為元朝屬北、屬水、屬暗，而明朝來自南方，屬南、屬火、屬明，是「以明克暗」，故有天命合法性。清朝取代明朝，國號「清」即有明確的「克」的意識，是以水克火。而國民黨推翻滿清，又可以解釋為明克元的再次重演。革命黨以「紅」為「正色」，國民黨和共產黨都是革命黨，如何來確定哪個是「真正的」革命黨？共產黨把國民黨逐到台灣，就取得了這個「革命正統」，自居為孫中山的繼承人，是「紅朝」，以「火」為正命，以「紅」為「正色」，「紅朝」於是成了滿清之後的正統。這種觀點雖然是某些現代歷史學家的奇論趣談，未嘗沒有一點道理，但是作為解釋中國歷史進程的一家之言，僅供參考。

中華文化傳統根源之（五）

縱橫家

戰國時代，經過歷次兼併和戰爭，春秋時代的幾十個國家只剩下七

個，它們是西方的秦，東方的齊，北方的燕，南方的楚和中間的三個國家趙、魏、韓。以實力論，秦在商鞅變法後，幾代國君勵精圖治，人丁興旺，經濟、政治、軍事、科技發展都非常好，加上有潼關這樣的天然屏障，實力最強。東方的齊國原來也很強大，因為吞併燕國不成，反而差點被燕國所滅，元氣大傷。其餘國家，除楚國尚有一點實力外，都比秦國差很多。所以，戰國時的「國際形勢」，可以概括為「秦國 VS 六國」。如果六國互相殘殺，只會讓秦國得益，最後全部被秦國滅掉。如果六國不團結起來一致對付秦國，也會被秦國一個一個慢慢吞掉。而秦國要想一統華夏，就必須想辦法破壞六國之間的聯盟，逐個逐個地擊破。

在這種情況下，一些能夠鼓動三寸不爛之舌遊說各國君主改變國際戰略形勢的外交謀略家出現。後來，他們被人們稱為「縱橫家」，就是主張「合縱連橫」的人。「合縱連橫」，用韓非子的說話就是，「縱者，合眾弱以攻一強也；橫者，事一強以攻眾弱也」。對於「合縱」者來說，是要團結弱國，使他們以聯合實力抵抗強國的攻擊以自存，相當於今天國際政治中的「勢力均衡」戰略。對於「連橫」者來說，則是要各個擊破，一統天下。

據司馬遷《史記》中說，春秋時孔子的弟子子貢曾經做過一段時期的縱橫家。當時，為保衛孔子的家鄉魯國不受齊國侵略，子貢想法挑動吳國和齊國相攻，又挑動越國和吳國相攻，結果弄得吳敗齊，越滅吳，魯國得以保存，從而徹底改變了當時的國際局勢。戰國時

期有名的縱橫家有蘇代、姚賈、唐雎、藺相如、公孫衍等，但最有名的是蘇秦和張儀。蘇秦是「合縱」派的代表，他曉之以理，說服六國聯合起來，共同對付秦國。最鼎盛的時候，據說蘇秦身上佩帶着六國的相印。但好景不長，後來他被齊閔王懷疑為雙面間諜，被處以車裂極刑而死。「連橫」派的代表是張儀。張儀做了秦國大夫，為秦出謀劃策，讓秦以小利誘惑各個弱國與秦結盟，從而將它們逐步蠶食，徹底地擊破蘇秦當年的「合縱」之策。張儀以外交手段為秦最終統一中國作出貢獻。

蘇秦、張儀的這類謀略，與現代國際戰略極為相似。在現代歐洲，英國對於歐洲大陸的政策是，如果法國太強，就要聯俄攻法，如果德國太強，就要扶助法國攻德，總之要保持「均勢」。而對美國來說，作為「超強」，它的國際戰略是建立以它為核心的集團和世界秩序，破壞其他國家針對它建立的聯盟。上世紀 70 年代，在中、美、蘇這「新三國」當中，美國與中國建立關係，搞垮蘇聯，這大致可類比於戰國時代的形勢。基辛格、布熱津斯基這類戰略家，也就相當於中國戰國時代的「縱橫家」。

中國戰國時代「縱橫家」的言行，經過一些傳教士和漢學家的介紹，為西方人所知。曾在清朝外交學院（同文館）任校長的美國傳教士丁韙良在翻譯《萬國公法》之餘，亦將中國戰國時代縱橫家的思想譯為英文介紹給西方世界。德國著名學者斯賓格勒在其名著《西方的沒落》一書中，就高度稱讚縱橫家，認為他們可作為謀略家的榜樣。

第六章

中國之路特色：經濟篇

市場與政府作用的發揮

習近平在2014年主持中共中央政治局的一次集體學習時指出:「使市場在資源配置中起決定性作用,更好發揮政府作用,既是一個重大理論命題,又是一個重大實踐命題。」這「看不見的手」和「看得見的手」都要用好的說法,是對過去三十多年經濟改革的一個總結。過去一段時間把市場的功能絕對化、完美化,現在則同時講市場機制與政府作用。用習近平的話講,把市場機制能有效調節的經濟活動交給市場,讓市場在能夠發揮作用的領域充分發揮作用,推動資源配置實現效益最大化和效率最優化,讓企業和個人有更多活力和更大空間去發展經濟、創造財富;更好發揮政府作用,就要切實轉變政府職能,深化行政體制改革,創新行政管理方式,健全宏觀調控體系,加強市場活動監管,加強和優化公共服務,促進社會公平正義和社會穩定。促進共同富裕,就是引導與節制資本,防止資本特權掠奪人民利益,讓社會資源配置更加合理公平。

純粹追求利益的無形之手是不會主動功能性地照顧弱勢的,故要由政府施以手段來加以調控才能向人民負責。拜資訊時代所賜,資訊的基本及時準確性大大提高,上個世紀50年代計劃經濟資訊中的計劃是與真實的市場脫節的,現在的情況已有根本改變。中國發展道路的經濟方面最重要是節制資本。在1978年之前,計劃經濟和公有制在中國經濟結構處於支配性位置,現在的政策是讓市場在資源配置上起「決定性作用」,在企業擁有權方面,公有制則不佔多數。2000年時,民營部門、集體部門和國有部門在國民經濟活動

總量中各佔三分之一。到 2015 年，據《人民日報》的資料，「狹義民營」（非公經濟）已經佔 GDP 總量的百分之六十以上。但要注意，公有經濟通過法律手段仍具有配合政府利民政策的方向性功能。

近年有些人擔憂「國進民退」的情形出現，即國有資本在市場份額上擴大，民營資本份額則縮小。現在看來是「國進民進」，國家和民營資本共同發展，中國政府採取「節制和引導」政策，通過制定法例等手段，雙向控制資本，以保證國家和人民財產安全。中國政府對金融與資本加以控制和節制，令中國在世界金融海嘯時成為避風港。中國的調控是按照國際慣例進行的，目的是平衡利益、達到均富、維護國家金融安全。過程中不乏權貴化公為私、官商勾結、國有經濟與私營經濟爭利及稅收不公的種種弊端，但到 2017 年為止，習近平政府在這些方面反貪防腐的成效是明顯、得到全民認同的。總的來說，政府是摸着石頭過河，在試錯中前進。

混合經營模式

中國採取混合經濟，市場、資本與計劃經濟混合。在社會主義政策的引導下，中國近年減少了貧富、城鄉差別，並加強社會性的醫療、補助等制度。國家在大數據與高科技的配合下，保持經濟的健康發展，如連農民將農田轉用為魚塘都能通過無人機發現，要違規農民停止轉用。政府部門通過電子化，明顯提高辦事效率，如簽證辦理、交通收費等，方便民眾。

近年在中國很多公司以混合模式進行經營。試舉一例，某公司擁有一北京國營公司的資產，其中包括公眾營運設施，價值估計超過一萬億元以上，而大部份股權為國家持有，其他則開放給民間資金或外資。該公司下面有專業管理公司管理資產。公司的董事長身份是公務員，無實權調動旗下資產，因受上市公司法規監管，亦受相應級別國資委的監管及黨政紀檢的監管。再以北京「水立方」運動場為例，它是國有資產，但公開上市引入資金，而其經營權則交由下面的專業體育管理公司操作，以產生效益。「國有」並不等於「國營」，上述兩個例子說明混合經濟模式比較有規範與效益。

當然中國政府是以謹慎態度審視混合經營模式，可以徐工集團併購案加以說明。2005 年 10 月，徐工集團公告稱，美國的凱雷投資公司將出資 3.75 億美元現金購買徐工機械 85% 的股權。這一事件在社會上引起關於賤賣國有資產和危害國家安全的大討論，並驚動高層，原因是徐工集團可以生產大型國防運輸車。2006 年 7 月，商務部召集所有與凱雷徐工併購案相關的單位，分批徵求意見，並詳細詢問細節問題。這是中國第一次因企業收購而舉行的聽證會。[59] 會後不久的 8 月 8 日，商務部、國資委等六部委迅速出台《關於外國投資者併購境內企業的規定》，[60] 對外資收購境內企業做出種種規定和限制。此後凱雷對徐工的收購方案一再修改，凱雷的持股

[59]「凱雷收購徐工案謝幕，對待外資走向理性」，人民網 2007 年 3 月 22 日，網址：http://finance.people.com.cn/GB/1045/5506325.html。瀏覽日期：2010 年 11 月 11 日。

[60]「六部委：關於外國投資者併購境內企業的規定」，新華網 2006 年 8 月 10 日，網址：http://news.xinhuanet.com/fortune/2006-08/10/content_4944032_1.htm，瀏覽日期：2010 年 11 月 11 日。

量從 85% 下降到 50％，再下降到 45%，但是凱雷入股徐工的方案仍沒有獲得商務部的批復。2008 年 7 月 23 日，這一歷時三年之久、廣受關注的併購案終於塵埃落定，結果是併購被放棄，合作終止。[61] 現在關乎國計民生的企業，都受到國家相關法律和股權的保護與監控，並且有明確申令，凡屬此類國家產業，股權不允許出售 51% 以上。[62] 現在政府的法例皆確保社會利益、國家安全和資源均衡分配。

百事可樂收購北京著名飲料北冰洋是另一案例。[63] 多年前百事進軍北京市場時，根本沒多少人認識百事這個品牌，於是百事收購北冰洋，然後再以北冰洋品牌包裝重新推出市場。等市場接受了，百事便取消了北冰洋品牌飲料，用百事可樂全面取代。中國政府有鑒於此，認識到這種外資收購合併不利於民族品牌發展，所以通過了

[61]「凱雷徐工併購案未獲批復，徐工啟動獨立重組計劃」，〈新華網〉，2008 年 7 月 24 日，網址：http://news.xinhuanet.com/fortune/2008-07/24/content_8763679.htm，瀏覽日期：2010 年 11 月 11 日。

[62] 國務院國有資產監督管理委員會、財政部 2006 年出台的《關於企業國有產權轉讓有關事項的通知》中規定，國有股權協定轉讓時，受讓方的受讓行為不得違反國家經濟安全等方面的限制性或禁止性規定，且在促進企業技術進步、產業升級等方面具有明顯優勢。標的企業屬於國民經濟關鍵行業、領域的，在協定轉讓企業部份國有產權後，仍應保持國有絕對控股地位。

[63] 北冰洋食品公司的前身是建於 1936 年的北平制冰廠。1949 年收歸國有，改名為北京新建制冰廠。1950 年改名為北京市食品廠，並正式註冊「北冰洋」商標以及雪山白熊的商標圖案。1985 年，改制成立北京市北冰洋食品公司，之後進入歷史輝煌時期。1994 年，伴隨着招商引資大潮，北冰洋食品公司同外商合作，分別成立了四家合資公司，「北冰洋」汽水被分配給其中之一的百事 —— 北冰洋飲料有限公司生產。遺憾的是，包括百事 —— 北冰洋在內的三家公司沒多久就全部關門大吉，只有北京百事可樂飲料有限公司還在繼續生產「北冰洋」牌子的桶裝純淨水。2008 年，北冰洋食品公司上級單位北京一輕集團宣佈將對其進行內部資產重組。

《反壟斷法》。近年可口可樂公司計劃收購大型飲料品牌匯源果汁，最後就是因為違反《反壟斷法》而被取消。[64] 中國已學會運用股權、法律和市場運作規律來保護自己的商業利益與國家安全。

過去人們以有色眼鏡看中國的國有企業，認為它們效益低、貪污問題嚴重，現在情況正在起變化，經營在逐漸改善中，業務管理水平亦不斷提高。反觀西方，AIG、花旗銀行或高盛等的高層，透過法規、制度給自己分配巨大利益，造成世界上最富有 1% 人口所擁有的財富超過其他 99% 人口的財富總和的極度不公現象，對反全球化運動多少起到推波助瀾的作用。

事實上，我們不可能寄望市場保護公眾利益，這個責任多由政府承擔。社會資源該如何分配、如何平衡，東西方各有不同的傳統，但值得參考對方的做法。中國道路可以提供多一種方式讓大家去選擇。

對有恆產的重視

從根本上決定一個民族文明屬性的，不是它的政治體系、社會組成等，而是它的經濟體制、產權結構與在經濟活動中人與人的關係。中國戰國之前為井田制，但之後土地私有，出現大地主莊園經濟、

---

[64] 《中華人民共和國商務部公告 [2009 年 1 第 22 號（商務部關於禁止可口可樂公司收購中國匯源公司審查決定的公告）》，商務部：http://fldj.mofcom.gov.cn/aarticle/ztxx/200903/20090306108494.html，瀏覽日期：2010 年 11 月 11 日。

地主租佃經濟、小農自耕經濟等三種模式。至於明清，地主租佃制與小農自耕制成為土地制度主體。小農自耕制提高了農民的社會歸屬感，對千百年來農村社會的穩定具有重要意義。農民的基本權利即為土地擁有權。前一章談及的戶籍制度，是歷代王朝通過「編戶齊民」去控制、管理社會的一種工具。戶籍制度既有社會上的作用，也有經濟方面的功能。

對戶籍制度的社會保障功能及與之相連的「保甲法」等措施所起的穩定作用，在上一章已有所討論。這裏集中討論戶籍制度的經濟功能。在歷史上，管轄戶口、田土、賦役等事務的政府部門叫「戶部」，這表明歷代王朝是通過對戶籍的管理（編戶齊民）來控制田土及徵收賦稅的。《禮記‧大學》說：「有德此有人，有人此有土，有土此有財，有財此有用。」在「有德」（統治的正當性）的基礎上，才「有人」、「有土」與「有財」，所以管理好戶籍（人），就能讓國家富有。

三千年來，中國是一個以農業為主的社會，直到今天，中國人口中農民仍然佔多數。在一個農業社會裏，土地是最重要的資源。春秋戰國之前，中國實行的土地公有制叫做「井田制」。井田制就是把耕地劃分為一定面積的方田，周圍有地界，中間有水溝，阡陌縱橫，像一個井字。一井分為 9 個方塊，周圍的 8 塊田由 8 戶耕種，謂之私田，收成全部歸耕戶所有；中間是公田，由 8 戶共耕，收成全歸封邑貴族所有。井田制無法激勵生產積極性，阻礙生產力的

發展。戰國時代，各國紛紛廢棄井田制度。商鞅變法徹底廢除井田制，承認土地私有，秦國因此吸引大量勞動力，增加生產效率，達至國富民強，為日後合併六國、稱雄天下打下物質基礎。秦之後，土地公有制和私有制交替出現過數次。從魏晉到唐朝中期，實行的均田制混合了公有制和私有制，均田制把田地授給男丁，並且分成兩種田，一種為公田，另一種為私田。均田制是土地公有和私有的折中制度，為的是制止土地兼併及增加稅收，並鼓勵民眾墾荒，由政府授田，等於是為民置產，使人民從事生產的意願提高，使經濟逐步發展，奠定了大唐盛世的堅實基礎。宋元之後，由明入清，土地私有最終成為土地制度主流。明初打擊巨姓豪富，強迫他們遷出本地，以空出土地，為培植自耕農經濟創造條件，加上大批移民屯田開荒，遂使全國成為一個以自耕農為基礎的農業社會。這樣的制度一直延續到清代，並規定農民開墾田畝「永為己業」。這五百多年裏，億萬小自耕農的存在是中國經濟形式的重要特色。[65] 與土地制度密切相關的是稅收制度，從唐宋「兩稅法」、「方田均稅」制度的頒行，到明清「一條鞭法」、「攤丁入畝」等制度的採納，意味着中國土地私有的確立。

「有恆產方有恒心」，讓農民有恆產，是社會穩定的物質前提與精神基礎。[66] 這是中國三千年歷史的經驗。中共建國早期實行土地公

---

[65] 盛邦和：《中國土地權演化及地主租佃、小農自耕模式的形成》，《中州學刊》，2009 年第 1 期。

[66] 同上。

有制，有其特定的歷史與意識形態背景，但畢竟是違背歷史傳統，故文革結束不久，即逐漸容許農民「擁有」土地（法律上農民只是擁有土地使用權，土地所有權是歸集體擁有）。國務院總理李克強在 2017 年 3 月召開的十二屆全國人大五次會議閉幕後的記者會上，就產權問題派了定心丸。他引用古語「有恆產者有恆心」後說，群眾對七十年住宅土地使用權到期續期問題普遍關心可以理解。他並說，可以續期，不需申請，沒有前置條件，也不影響交易。他透露國務院已經責成相關部門就不動產保護相關法律抓緊研究提出議案。

香港《信報》專欄作家曹仁超曾指出，今後中國的房地產模式，將會影響中國經濟的發展模式。中國人自古以來便認為「安居才能樂業」，外國人很多一生都不會置業，但中國人無論如何都想有自己的房子。大地產商控制着香港的經濟命脈，這在世界其他地方是很少看到的現象。房地產在中國不單是經濟民生，還是社會與政治、文明傳統的問題。中共仍稱奉行以公有制為基礎的社會主義，但若民眾能長期擁有土地使用權，這就是變相實行土地私有制。

城鄉二元結構

在 2008 年上映的有關印度的一部電影《貧民窟的百萬富翁》，在好萊塢得了獎，故事背景是印度的貧民窟。為何發展中國家如印

度、孟加拉、菲律賓或非洲、中南美洲的一些國家，在大城市的周邊都會有很大的貧民窟？為何中國的上海、北京、廣州這些大城市附近，卻沒有出現這樣的貧民窟？這跟戶籍制度有關，農民即使在城市打工也不想失去家鄉的土地使用權，因此不會聚集在大城市的周邊，這對中國的城市管理起了大作用。

戶籍制形成現今在中國仍然實行的城鄉二元結構。在歷史上，戶籍制還起到除經濟之外的社會、政治作用。清朝初年，朝廷就利用戶籍制執行對台灣的海禁政策。城鄉二元結構的產生有其歷史及現實背景。中國的面積比歐洲還大，在兩三千年前是由很多諸侯國組成的，是一個有天下概念的大洲規模的國家。管理這麼大的地方、人口，中國歷代王朝都對戶籍嚴格限制。加上新中國剛成立要取得快速發展，便採取以農業支援工業發展的策略，對城鄉居民的生活、福利方面給予不同待遇，便形成城鄉二元結構。有人認為這是變相剝削農業以發展工業，中國學者對城鄉二元結構的作用、貢獻也是有爭論的。華中科技大學中國鄉村治理研究中心的賀雪峰教授說，城鄉二元結構不僅是新中國前三十年取得快速發展的基本條件，而且是改革開放以來，中國在全球化背景下取得驚人成就的最大秘密。他甚至認為，城鄉二元結構可能成為未來數十年中國取得更大成就的重要條件。城鄉二元結構為人詬病的地方包括：降低城市化速度，影響對「三農」問題的解決；降低資源配置的效率，影響經濟發展的速度；政治不正確，歧視農民。

在執行上，戶籍制不是沒有彈性的。現在二三綫城市的戶籍要遷去北京、上海甚為困難，但有一條捷徑：通過讀書。如果你能入讀北京、上海的大學，取得學位並在當地獲得一份工作，即使你是其他城市或者農村的居民，也可以較容易把戶籍遷往北京、上海。它有一個計分制度，讓戶籍可以流動。這部份解釋了中國人為甚麼對讀書十分重視，也從中看到中國內部的「移民」制度。當然，中國政府正在着手解決城鄉二元結構的一些問題。現在農民進城已沒有太多的硬性限制，很多情形下是軟性限制在起作用，如農民工自身的謀生能力、住房與醫療條件、子女教育安排等問題。政府為讓經濟更快速、更平衡地發展，正大力增加內需，因而加快城鎮的建設和發展。近幾年推行的社會主義新農村建設，將在經濟實惠與國民待遇上，對農民有很大的裨益。譬如 2009 年起開展的社會主義新農村建設，建立並試行大學畢業生村官選派制度，即新時期的知青下鄉，做兩年村官後，給大學本科畢業生回大學報考碩士錄取時的優待，亦有給予公務員年資的承認，但鼓勵年青大學畢業生在鄉村發展，組織生產與經濟活動，定居鄉村；亦在農村實施養老保險（新農保）試點，年屆 60 歲的農民可以拿退休金。但有批評說，他們取得的金額與城市退休職工的差距頗大，但這已是歷史上農民未有之大變革。

於 2007 年通過的《物權法》明確對公有財產和私有財產給予平等保護，對建立新農村有很大助力。它規定在農村承包的土地、山林屬於農民，是受到國家保護的。前幾年，某些農村附近的三線城市

有了很多新建築（多是一些國內房地產公司經營），開盤不夠十天已全部賣光。賣給誰？主要是賣給附近的農民。他們哪裏得到的資金？農民用他們的土地抵押，然後在小城市裏買房子。若是第一次買屋，政府還會給予優惠的條件。

為推行社會主義新農村建設，中國需要大量農業人才。美國伊利諾大學是美國著名的農業大學，在畜牧和食品學科特別突出。前幾年伊大招收的中國學生人數呈幾何級數上升，全校有約 4000 名中國學生，佔該校學生總數的十分之一。其中原因是，中國要解決三農問題，政策傾斜農村，急需大量農業方面的人才。

社會主義新農村建設初見成效。幾年前在山東煙台的兩條村，我看到水泥路和水電到戶，有社區活動場地、社會服務點、老人中心等設施，那裏的鄉鎮亦設有巡迴調解法庭、公安中心，以及幼稚園。為我作嚮導的一位年輕官員說，能夠做到這種水準的社會主義新農村，當時全國只有 2%。如果以每年 2% 增長的速度，全國要花數十年才能全面達至社會主義新農村的局面。

可見將來，作為一項人口與社會管理機制，城鄉二元結構仍會繼續存在，但社會主義新農村建設的進展，將會縮減城鄉的差別，向城鄉發展一體化方向邁進，使全國得到較為均衡的發展。

中華文化傳統根源之（六）

戶籍制度
一、戶籍制度的出現及歷史
戶籍制度，指中國歷代通過各級權力機構對其所轄範圍內的戶口進行調查、登記、申報，並按一定的原則進行立戶、分類、劃等和編制。它是統治者徵調賦役、落實行政管理、執行法律的主要依據，也是國家對農民實行道德教化、經濟剝削、人身控制的重要途徑，所以，歷代王朝都沿襲這一制度。

戶籍制度主要包括兩方面的內容，一是登記制度，一是管理制度。

戶籍登記在中國很早就出現。商王朝已開始實行人口登記制度，臨時徵集兵員。西周時創建原始的人口登記辦法，設立掌握戶籍的官職「司民」，對七個月大嬰兒以上的人，按不同性別登記造冊，並分城鄉進行人口統計。每年要對人口的出生和死亡進行登記，以掌握自然變動情況，每隔三年進行一次人口調查核實。

春秋戰國時期，各諸侯國為擴大兵源，增加賦役，穩定社會秩序，紛紛建立嚴格的戶籍登記制度，如「書社制度」，其內容是：百姓25家為1社，「社之戶口，書於版圖」。再如「上計制度」，即郡、縣長官每年於年底前將下一年度農戶和稅收的數目作出預算，書之於木券上，呈送國君。

秦始皇統一中國後，規定男子不論成丁與否，一律登記年齡。到漢代，戶籍至少三年一造，縣、道官吏負責對戶口的查驗和登記。登入者主要是 20 歲至 60 歲男子。為防止人們逃避苛役而瞞報、虛報，政府還特意制訂臨時性的查察措施。

魏晉南北朝時期沿襲秦漢時期的戶籍登記制度，實行黃籍、白籍制，黃籍記載服役年齡的人口，白籍記載流亡江南的北方人口。隋唐時每年一造計賬，三年一造戶籍。被登記人的面貌特徵和疫疾情況的記載很具體，如某人「右足跛」、「耳下小瘤」等。

宋元時期戶口的編造時間間隔也是三年。明朝朱元璋於 1370 年下詔，戶部籍天下戶口，並置戶貼。登記的主要內容是籍貫、丁口、姓名、年齡等。清朝基本繼承了明代的戶口登記制度。最初是三年一編審，後來改為五年一編審。乾隆三十七年（1772 年）取消五年一次的戶口編審制度，代之以通過「歲計」瞭解各地戶口增減情況。

民國時期先後出台《戶籍法》（1931 年）和《戶口普查法》（1947年），推行國民身份證制度（1946 年），建立各級戶政機構。民國戶籍逐漸向現代社會轉化，重視公民的自由遷徙權利。

二、傳統戶籍制度的特點與功能

中國傳統的戶籍制度，有如下幾個特點：

地域性： 由於人口與賦役是聯繫在一起的，所以政府千方百計將人

口控制在特定的地域範圍內，限制其流動，甚至把任意離開戶口所在地視為一種犯罪而加以懲處。在農業社會，以土地為主的生產經營和自給自足的生活方式本來就具有制約人口流動的客觀條件，而嚴格的戶籍管理制度從外部加強這種安土重遷的特徵，人身的束縛導致整個社會的封閉，從而影響社會經濟的發展。

等級性：歷代曾出現過特權戶種、民籍戶種和賤籍戶種等類別，其地位逐級降低，界線分明。特權戶籍有以下特權：做官的資格，減免某些稅收，差役免除和減免刑罰等。民籍戶種是平民百姓擁有的戶籍，是主體戶種，包括民戶、匠戶、灶戶和舖戶等。這些人是國家賦役的重要承擔者，其社會地位基本相同。而賤籍戶種的社會地位低於平民，包括軍戶、錄戶、雜戶、樂戶和丐戶等。

世襲性：嚴格的戶籍管理不僅體現在對人口生存地域的控制上，而且體現在對人口等級、職業的控制上，即同人口的地域流動一樣，人口的等級、職業也被戶籍標識得清清楚楚；不同等級、職業間的流動受到制約，戶籍是世襲的，如軍戶、匠戶和雜戶就具有非常突出的世襲性。

戶籍的功能本來只是人口統計及一般資訊的瞭解，與社會治安並不直接相關。但是在中國歷史上，戶口的管理也對人口活動進行制約，每個人都被編入其中，形成一個遍佈各地、各行業將各種職業者聯繫並束縛在一起的社會治安網絡，從而成為政府加強其統治基礎的重要措施。

三、現代中國戶籍制度的變化與發展

中華人民共和國建國以來，戶籍制度的變化大致可劃分為三個階段：1958 年以前，屬自由遷徙期；1958 年－1978 年，為嚴格控制期；1978 年以後，半開放期。

1954 年，中國頒佈實施第一部憲法，其中規定公民有「遷徙和居住的自由」。

但到了 1956 年、1957 年，因為當時政策失誤，農村出現大饑荒，農民大量進城找工作和乞討，中國政府連續頒發四個限制和控制農民盲目流入城市的文件。1958 年以《中華人民共和國戶口登記條例》為標誌，政府開始對人口自由流動實行嚴格限制和管制。第一次明確將城鄉居民區分為「農業戶口」和「非農業戶口」兩種不同戶籍，事實上廢棄了 1954 年憲法關於遷徙自由的規定。1975 年，憲法正式取消有關遷徙自由的規定，此後一直沒有恢復。

1958 年新的戶口登記制度，從總體上看仍保留有大量傳統戶籍制度的內核。戶籍帶有深深的身份烙印，城市戶口和農村戶口之間存在等級差異性，享受的待遇明顯不同。戶籍被打上世襲的烙印，農村居民的子弟除考學等少數途徑外，絕大部份都承襲父母的農村戶籍。戶籍管理帶有很強的社會治安功能等。

改革開放後，隨着經濟的變化發展，城鄉二元的戶籍制度逐漸鬆

動。1984年，中國政府允許農民自理口糧進集鎮落戶。1985年，公安部將「農轉非」內部指標作了提高。同時，作為人口管理現代化基礎的居民身份證制度宣佈實施。1997年，政府規定：從農村到小城鎮務工人員，小城鎮單位聘用的管理和專業技術人員，在小城鎮購買商品房或有合法自建房的居民及其直系親屬，可以辦理城鎮常住戶口。以後農村居民進入城鎮的條件逐步放寬。2001年，對辦理小城鎮常住戶口的人員，不再實行計劃指標管理。不過對於進入京、滬、深等特大城市及省會城市，仍有嚴格的條件限制。

四、時代變遷與戶籍制度的改革

1978年中國實行改革開放政策後，政治、經濟、社會各方面都出現新的情況，尤其市場經濟發展迅速，人口流動加速，而滯後的戶籍制度卻導致大量人口處於「人戶分離」狀態，產生嚴重的管理問題：過億農民工在沿海新興工業區打工，數以千萬計的白領以外來人口的身份生活在大城市，同樣數以千萬計的人口在異地從事工商業。這三類人口對所在城市貢獻了大量稅收，卻難以全部享受理應得到的社會福利和公共服務。另一方面，這些外來人口也多在其常住地政府的正常管理範圍之外。城市政府之所以這樣做，主要是為回避其對常住外來戶籍人口的福利責任。這一做法的後果，卻是政府對人員管理的失靈。

戶籍制度最大的負面影響是削弱經濟要素的自由流動，阻礙經濟的可持續發展，不利於形成全國統一的勞動力及人才市場。其次是阻

礙城市化進程，對農業現代化及農村人口的轉移形成體制性障礙。中國大量的農村人口需要轉移，但事實上進城限制卻沒有從根本上放鬆。再者是遏制消費市場的進一步發展。

儘管戶籍制度飽受批評，1978 年以來戶籍制度也一直在改革，但考慮到中國的實際情況，應該在摸索中穩妥地、逐步地改革，不能一下子放開，尤其對大城市戶籍，因為突然放開會導致一系列問題。維持戶籍制有如下好處：第一，可以避免在大城市裏形成貧民窟。大城市對勞動力的吸納能力是有限的。如果放開城市戶口，湧入城市的不僅僅是技術和管理人才，大量低層次的農業剩餘勞動力將潮水般流向城市，從而引發「城市病」。外出的民工大多是同鄉結伴而行，如果能夠定居，那麼他們將以家庭、同鄉為單位居住在城市的邊緣地帶，形成巨大的貧民窟。像印度、一些東南亞和拉美國家的城市化情況就是最好的例證。北京、上海之所以還沒有貧民窟，就是因為有一個戶籍制度。農民工在經濟繁榮時可以在城市打工，經濟蕭條時則可以回鄉，農村戶口提供給他永久性的土地足以讓他的基本生活有保障。雖然農村的生活水準比大城市要低，但是他並非一無所有的無產者。這正是使中國異於印度、一些東南亞和拉美國家，沒有出現貧民窟的根本原因。第二，如果現在突然放開戶口，中西部中等城市的優秀人才將會大規模外流到東南部沿海發達地區，這將降低中西部的競爭力。第三，中國的城市化，要走一條靠發展小城鎮和新城市吸收剩餘勞動力的道路，不能靠無限擴大現有城市的規模。這就需要大批技術、管理人才和數量巨大的工廠

工人，作為工人的勞動力的最佳選擇是農村中受過初等教育和初、中級職業技術培訓的農民和外出打工積累一定工作經驗的農民。而這部份人如果在大、中城市落戶，中小城鎮將面臨着所需勞動力的短缺，並且這種短缺將是結構性的。第四，可以避免東西部經濟差距的進一步加大。如果立刻改變現有戶籍制度，若干年之後，中國將會出現東部地區人口的極度膨脹，而西部落後地區則會比以前更落後。中國國土面積廣大，西部很多地區是少數民族的聚居區，他們本身經濟發展落後、文化落後，人才嚴重缺乏。地區只剩下不能和不想轉移到發達地區的人的話，那麼，東部和西部就不僅僅是經濟上的差距，更會導致文化上的不相容，這對於一個多民族大國來說是可怕的。

中國戶籍制度的改革一定要與經濟改革和政治改革同步，在經濟和政治改革沒有完全到位之前，對戶籍制度只能循序漸進、適時而改，同時為進一步改革作鋪墊和準備。

2009 年社會主義新農村的試驗及村官制的試點（新時期知青下鄉政策的試點）等都是一系列農村政策的實驗，每年中央政府第一號文件都是有關農村的改革及法例文件，可見中央政府對農村、農民、農業所謂「三農」政策的重視。中國歷史上的經驗是，農村穩社會就穩，有關六億以上中國農民的改革與發展不是一朝一夕可以實現的，農村的減貧與發展既是中國的目標，也是世界的目標。今天中國的成果已為國際社會肯定。

第七章

中國之路特色：政治篇

全民執政黨

自改革開放以來，中共也開始以新角度思考國家治理體系問題，特別在領導體制、組織制度方面。我在這裏以一個香港人幾十年與中國有所接觸、在內地長期創業的體察，以及跨越兩種文化、社會制度的經驗，來談中國道路在政治上的演變。

中共把「社會主義核心價值體系」定義為「馬克思主義指導思想，中國特色社會主義共同理想，以愛國主義為核心的民族精神和以改革創新為核心的時代精神，社會主義榮辱觀」。我引用這個定義，以說明中國的執政黨雖然仍聲稱以馬克思主義作為指導，但實際上已去掉它的一個重要理論──階級鬥爭。源自 19 世紀工業發達西歐的馬克思主義，傳到俄國（之後的蘇聯）後衍生列寧主義，來到中國就產生毛澤東思想。這個過程中雖然不同國家與階段有不同的側重，但階級鬥爭作為一種基本理論還是貫通的。中共在黨章中稱自己是中國工人階級的先鋒隊，同時是中國人民和中華民族的先鋒隊，但它基本上放棄階級鬥爭理論。「三個代表」說法（代表中國先進生產力的發展要求，代表中國先進文化的前進方向，代表中國最廣大人民的根本利益）推出後，可以說中共已由階級革命形態政黨變成全民黨。

中共不自稱為全民黨，大概因為這稱謂在歷史上是負面的。上世紀六七十年代，當時蘇聯共產黨領袖赫魯曉夫主張把蘇共變成全民擁

有，毛澤東加以大肆批評，認為是「修正主義」。世易時移，現在中共已吸收不少大企業家入黨。無論怎樣看，聲稱自己代表全民利益是一個重大轉變。

權力制衡與集中

在國家管治體系，特別在領導體制、組織制度方面，我用圖表加以說明。管治體系包括五大架構：黨（共產黨）、政（人民政府）、軍（解放軍）、人大（人民代表大會）、政協（政治協商會議）。公務員體制則是沿用演化自傳統中國科舉選拔人才的制度，通過各種級別的考試選拔優異者上升到中央重點大學，經過學制層級淘汰選拔，加上一個中央組織的各大學博士生下鄉蹲點若干年的基層鍛煉，再經數十年考驗上浮到中央，在反覆實踐考驗中經協商選拔，再經選舉群眾鑒定而上升到核心層。

這五大架構（五套班子）下面還有社會體系，如群眾組織。它們各有其全國（中央）與各級地方層級的垂直系統。這五套班子以黨為核心，又形成一橫向系統。這縱橫交錯的體系保證了中國處於一個全面與嚴密的管治系統中。每套班子功能不一樣。人民代表大會是立法機關也是權力機關。政協則是個諮詢與議政機關，可算是一種功能組別。中國軍隊由共產黨領導，軍隊國家化將是個憲政問題。

五套班子的核心是共產黨，它的領袖儘管思想上有左有右，做事有

中國管治體系五大架構

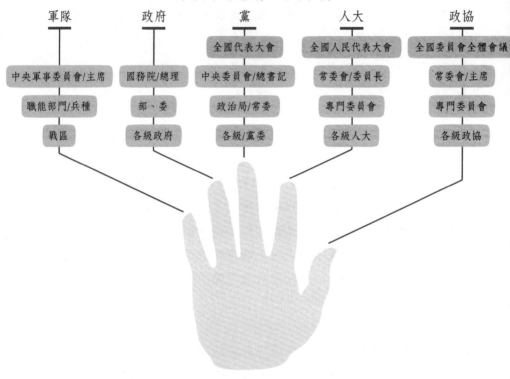

軍隊	政府	黨	人大	政協
		全國代表大會	全國人民代表大會	全國委員會全體會議
中央軍事委員會/主席	國務院/總理	中央委員會/總書記	常委會/委員長	常委會/主席
職能部門/兵種	部、委	政治局/常委	專門委員會	專門委員會
戰區	各級政府	各級/黨委	各級人大	各級政協

快有慢，但基本上都很有能力，是經過長期考驗的。西方的一個批評是：你沒有英明領袖就完了。新加坡政治學者鄭永年認為，中國人均收入到一萬美元時，社會的基礎建設（即醫療教育文化等建設）完成，那時就可以實行中國式的民主選舉。民主一定是講平衡的多，發展就少。看看世界歷史，法國拿破侖、德國俾斯麥都是在英明集權領導時求發展，如果那時就實行現代的個人民主化，

法國、德國可否達到後來的發展是一個未知數。歷史經驗是要在英明獨裁時期抓緊時間，進行社會均衡利益的基礎建設。新中國建國一百年內是進行社會基礎建設的時期。一旦實行個人選擇模式的民主就難以集中精力搞建設，香港啓德舊機場的發展就是一例，民主討論眾口紛紜，計劃都無法推行。港英時期麥理浩的玫瑰園計劃能順利進行，跟當時沒有民主討論可以很快做決定有關。相對廉潔的領導，相對正確的領導，可以為民主先打下基礎。鄭永年認為，歷史經驗告訴我們，一個社會要健康地現代化，要經過經濟革新、社會革新、政治革新三個階段，不能跳過。中國現在處在社會革新階段，跳過就會亂。

近年來，中共抓緊對精英集團的管理，黨紀要嚴格遵守，黨代表尤其如此。一個普通黨員在生活上也要守紀律，因為一旦被查出酒後駕駛，就可能被網上曝光。現在黨員都很小心，黨風、官風因此大有改善。一個普通人欠債未還被告上法庭，結果飛機、高鐵都不能坐，只能坐大巴出行，因有關欠債資訊一下子就可以找到。現在實行實名制，全國網絡聯通，這都是大數據、高科技管理帶來的變化。

中國還有一個小黨的體系，在共產黨領導下形成的多黨合作制。長期以來，這些小黨是中共的聯線黨。我曾經問過小黨的負責人關於入黨的條件，我聽完後就知道它們是受限制的政黨，因為它們並不鼓勵年輕人參加，且有諸多限制。最近情況已有些變化，它們開始

吸納年輕的專家和留學生，而且中央和地方政府擴大其他政黨參與管治的部門。比如過去上海規定政府中要有無黨派和其他各黨派人士在內，但只是形式、走過場。現在小黨參政議政的比例在不斷擴大，我視之為中國政府進行政治改革的一個方向，會否有實質的進展則有待觀察。若有朝一日這些小黨派能自主籌款、自主工作，它們的作用必將加大，這可能發生在二十年後。

有人批評中共在這種管治體系中一黨獨大，其他班子與全國事情最終都歸它管，對它根本沒有監察，也不能制衡，自我制衡也是一句空話。中國不講行政、立法與司法三權分立、互相制衡，但我認為體系之間的制衡還是有的，對同級的政府在施政、立法、人事與預算方面，各級人大與政協都會提出建議、意見以至反對。制衡機制還視乎今後中國政制的進展如何，會否加強人大代表與政協委員的選舉透明度與認受性。其中擴大選舉候選人與應選人的差額，以及增加「自選參與度」（指自動參與而不是被動地被挑選參與）是個風向標。若民間組織，如區委會、婦聯、青聯、學聯等發揮功能，也會形成一定的制衡。其實群眾對施政的監察是頗有成效的。以官員晉升為例，在他們的名單公示後，對他們的品德調查，以及民眾的電話、信件、網上等實名舉報，能產生巨大監督力量。我的一個學生在升遷前，記起在讀大學時借過我的錢作生活費，特地打電話來詢問借款數字，並立即還給我。還可多說一例：據新聞報導，某縣一位官員到娛樂場所玩樂，碰上公安巡查，他欲爬窗逃走，結果從高處掉下斃命。可想而之這位官員是因害怕輿論壓力而要逃避。

共產黨的自我制衡是一個很大的問題。在五套班子中，黨是核心，其權力凌駕於其他班子之上。中共近年強調堅持依法執政，任何組織或者個人都必須在憲法和法律範圍內活動。另一方面，引用習近平的話來講，中共「要堅持黨的領導、人民當家作主、依法治國有機統一，把黨的領導貫徹到依法治國全過程」。這句話可以理解為，中共依法執政但並不意味其地位會被削弱。中共黨內有自己的制衡機制，如各級紀律檢查委員會，加上中央層級的統一政府與黨的紀檢行政監察部門，直至到基層單位。根據黨章，中央紀律檢查委員會在中央委員會領導下工作，地方各級紀律檢查委員會和基層紀律檢查委員會在同級黨的委員會和上級紀律檢查委員會雙重領導下工作。從效果來看，紀律檢查委員主要是針對黨員的貪腐問題，而不是在政治上的攬權行為。

談到執政核心的問題，我又想起歐立德在《乾隆帝》一書中所說，要瞭解今天崛起的中國，就要認識大清乾隆時代。在該書中，我看到這位哈佛學者有關今日中國與乾隆時代參照的論述。如阿拉伯史學家伊本・赫勒頓（Ibn Khaldum, 1332-1406）所論，乾隆的政治權力的秘密在於他所謂「集體的感覺」——通常是為追求共同的目標，將很多人的志趣結合，一起超越他人來使自己生活得更好。伊本・赫勒頓認為王權的鼎盛不會超過四代，因到四代以後會失去創業者的能力與毅力，趨於平庸與腐朽。在清朝，乾隆已經是第四代皇帝，他盡力鼓勵滿人維持其文化傳統、勇敢刻苦節儉的精神，希望能以人口中百分之二的滿人維持對百分之九十八漢人的統治。

歐立德對這一切的描述使我聯想在當今的制度下，習近平領導的黨中央如何嚴格要求黨員，維持苦幹精神，又如何努力完成兩個「百年」（建黨與建國）管治與發展目標。至 2015 年，中共黨員達 8875 萬名，佔全國人口比例是百分之六，遠超滿人當時在全中國的人口比例。而中共黨員與乾隆時代的滿人在各大城市（如盛京、北京、江南一帶）的生活狀態及所處的經濟社會地位，都大不一樣。在今天「三個代表」思想（中共要始終代表中國先進社會生產力的發展要求、先進文化的前進方向、最廣大人民的根本利益）指導下，中共黨員多為各行業及行政管理的核心精英，其中一大批往外國留學後帶着新知識與新觀念且充滿信心地回來服務。更重要的是，與滿人的統治不同，中共的歷屆領導集體或各地黨員都不是憑血統繼承各種職位的，而是靠他們幾十年奮鬥與競爭得到的。在繼承與接班方面，我不認為應把中國執政黨及它的近億黨員，與清朝帝制時皇室與滿人作對比。現時的制度顯示中國在領導與管治社會方面的創新，而制度在發展中，值得政治學者細心分析、調研以及觀察其後的歷史演變：這個制度如何再經數十年在政經、社會方面的實踐檢定，越過全球所謂中等收入陷阱，有更大規模的創新。

關於制衡機制，黨領袖的權力與地位是觀察的重點。習近平於 2012 年中共十八大當選總書記，在 2016 年開始被稱為黨領導的核心，大概同時國內傳出消息，習近平可能不只當兩任，而是再延任一屆，即共三任十五年。如有這樣的安排，應該與國內外形勢有關，今後的十年將是大風大浪：在國內處於改革深水區，要跟各種

利益集團博弈，在國際則推行「一帶一路」大戰略，應付各種挑戰。在建立世界大國的過程裏，中國將暴露自己的軟肋。我們的科學軍事等硬技術和文化等軟實力，能與美國的匹配嗎？未來十年國內外情勢甚為複雜、艱難，掌舵的人除有能力外，還要有足夠的權威。現時的安排，黨總書記同時是國家主席、國家軍事委員會主席，亦是中央安全委員會等中央專門機關的負責人。這樣集大權於一身，且打破兩任的常規做法，在權力制衡方面會有甚麼影響，有待觀察。無論如何，這是中國管治體系的現狀與特色，也是最近十年的形勢所需。隨着時間、形勢和經濟的發展，循序漸進式的監督機制、一直到中央最高領導的監督機制一定會形成，其中如何產生最高領導層的程式與模式，一定會在發展中找到答案。只要中共堅持立黨為公為民的初心，此問題就會逐步解決。產生領袖的模式決定制衡的制度機制。

多層交疊的混合民主

中國很快將成為世界最大的經濟體，勢將帶動政治等方面的轉型。但正如新加坡政治學者鄭永年所說，中國的政治轉型要看準時間，不能過早，否則就會如緬甸、菲律賓、印度、印尼一樣，雖有民主的形式，但實質效果卻不妙。他主張發展到一定水準時，次遞放開，不能跳過：先經濟轉型，後社會轉型，再政治轉型，分三步走。從改革開放起，每一步大概需要三十年。假如1989年時就進入民主化，中國可否發展？不容樂觀，因為經濟和社會尚未轉型，可能天下大亂。

中國強調以適合自己傳統、國情的方式實施民主。中國現在實施的是多層交疊的混合民主，即垂直，加上精英與普及三種模式民主的混合運作。普及式由一人一票選舉基層領導來實現；精英式是從社會精英中協商差額選舉，主要體現在政協的運作來實現；垂直式是最基層由各級黨、團、婦、工、民眾團體及向上匯集至各級黨組織，上下反覆協商討論而取得共識來實現。

多層交疊的混合民主

普及式
已從縣一級普及到鄉鎮，選票對象包括人大代表與機關領導，由一人一票選舉產生

精英式
由參與各級政協的政黨與專業界別的精英共同議政，並通過共產黨領導下的多黨合作制，協助政府施政

垂直式
在執政黨與政府的引導下，智庫等機構或學者以個人身份參與討論，通過上下反覆協商討論而取得共識

先談精英式民主。英國的上議院、美國的參議院與香港立法會的功能組別可列入其中。從歷史上看，世界許多地方的政制都曾有這樣的安排。中國現時的精英式民主與垂直式民主結合，主要體現在各級政治協商會議（政協）和少數民主黨派的運作。政協委員主要是政府從專業界別的傑出成員中委任，是各個領域的優秀人才。在古代，他們就是被推舉出來議政的士紳。政協從縣級到中央級，構成一個全國諮詢、專業監督的系統，也起着凝聚意見共識的功能。

普及式民主是指被選出來的人代表人民作決定，通常是以一人一票的普選產生領導人。但今日看到的普及式民主選舉，往往受到擁有巨大資源的利益集團影響，如通過操縱媒體及遊說組織來左右結果，另方面為了贏取選票，處處以眼前利益討好選民。以英國為例，民主選舉產生一些不良現象。在英國的機場看到的服務人員，如掃地清潔的，都是來自外國或非裔與亞裔不能享有社會福利的人。在英國，不少手持選票的人，只投給承諾高福利的政黨，好讓自己一旦失業可在酒吧看球賽，辛苦的工作就留給那些沒有資格享有社會福利的人去做。我聽到這樣的案例：一個大半生未工作過的人，可靠福利過活，孫子還免費取得電腦，還能儲蓄足夠的超級市場信用咭分數去坐郵輪。今天英國的「脫歐」、歐洲國家如何處理難民、經濟不振等問題，無不與選舉制度、政黨輪替有關。這種選舉式民主今後如何改革及運作，是全球先進國家要面對的管治問題。

際此，我想討論一下在中國傳統文化體系下能否產生普及式民主的問題。這裏有一個很有趣的問題：民意和天意。早前跟一群學者討論「抽籤」是否屬於民主模式。王紹光教授在《民主四講》[67]中說，所謂民主，到了最後就是「抽籤」，即天意，就像六合彩一樣，不受任何人控制。他指出，任何民主都要訴諸人群，因此一定會受經濟集團影響，只有到了最後那幾位參選人，由抽籤決定，才是受到最小影響的民主。民意如流水，是對一時一事的意見表達，而且短期民意也是可以引導的。所以，掌握民情比較重要，因它反映的是人民比較長期、比較固定的感受。如何掌握民情是個根本的問題，需要很大的敏感調查的資訊系統。講到這裏，中國古代「天命」的理念很值得參考。天命者，其實就是民情、民意，中國古代的講法是民心，用現代術語是認受性。過去中國朝代更替，舊的王朝由於民怨而被推翻，新成立的王朝便是符合天命（民情），是「天命所歸」。其實，這是一種政權的更替模式。如今政府和人民的關係也是如此，政府的功績得到人民認可，換句話說，就是符合「天命」。

在當代，民情或民意都要以量化的形式（票選）來體現。不要以為中國執政者不重視票選，連黨的領袖也是一定程度上票選的結果。[68]

---

[67] 王紹光：《民主四講》，北京：生活，讀書，新知三聯書店，2008 年第 1 版。

[68] 李光耀在 2007 年 11 月 16 日晚接受新加坡記者集體採訪時，談到中共十七大選出新一屆領導班子時，認為中共的黨內民主「跨前了一大步」。他說：「習近平和李克強都不是只由領導人指定，他們是由三百多人共同決定。這也包括另兩位新常委——周永康及賀國強。」見人民網，2007 年 11 月 21 日，「李光耀談習近平：曼德拉一級人物有強大感情自制力」，http://world.people.com.cn/GB/1030/6557418.html，瀏覽日期：2010 年 11 月 12 日。

這個產生領袖的規則會否成為慣例，仍待觀察。在農村，票選影響更大，根據法律規定，要超過半數的居民登記為選民，選舉結果才能合法。[69] 但請注意，這裏講的選舉只是「手指方向」，並不是現時普遍情況。實情是中國政府是以政績多於依賴選舉來支持其管治的認受性與權威。

對多層交疊的混合民主，有人批評是由中共來控制。老實說，中國的現實就是由中央統籌管治才做出經濟上使多數人民得益的政績，如使東西部地區及城鄉、貧富之間的差距明顯縮小。衡量中共的標準在於它幾十年的管治是否有效、政績是否超卓、人民是否得益，而不應着眼於其管治模式是否合乎西方的選票模式、價值標準。當談及一些國家的君主立憲制時，人們並沒有去批評英國女王、日本天皇是否合乎道德標準。中國政府認同需要有票選的方式，並研究在執行過程如何做好人民監督，反貪腐、防賄選、提高人民知識水準等（即阿瑪蒂亞．森所講的：人民的健康、交通、資訊和知識都達到一定水準或具有物質條件，選舉才真實、公平、優質而有意義）。

垂直式民主是由長期在中國從事學術研究和教學的《中國大趨勢》一書作者 John Naisbitt 和 Doris Naisbitt 夫婦提出的，意指中央由上而下制訂政策，民間由下而上對政策的回應，這兩股力量不斷找尋平衡點，讓政策更契合民意與實際情況。對垂直式民主，我

---

[69] 《中華人民共和國村民委員會組織法》，第十七條。

現以中央政府（國務院）的工作報告為例加以說明。每一屆政府都是按照規定的時序去總結其施政得失，然後草擬下屆工作計劃，各部委的智囊班子則是其思考的大腦。工作報告都是經過自上而下反覆多次討論、修改才制訂的。這個過程向社會開放，在執政黨與政府的引導下，智庫等機構或學者以個人身份參與討論，而此過程中上下反覆討論修改無數次。有一些法律條文，甚至會經過幾千次的討論。比如《物權法》，是經過 13 次提出才最終通過的，因為它牽涉一些制度的變革——由社會主義的公有制轉向市場經濟的私有制，是價值觀及經濟體制的改變。有很多左派、老共產黨員認為，實施《物權法》就等於實行資本主義，所以他們一直持反對意見並投反對票。

在中國，執政黨、國務院、人大、政協等機構透過細緻及反覆的討論來收集各種意見，其人數及規模是世界上其他國家的政黨、政府、議會所沒有的。每年人大、政協的大會，以近萬人十天的分場討論、收集意見，這種組織民意討論模式非親身經歷過程是不能想像的。就各種議題的討論次數，從基層到中央有上千次，每次可能牽涉五六千到上萬人，我所認識的一些機構管理層、海歸精英都曾參與討論。這裏介紹一下我瞭解的上海一間外資公司的黨員如何表達意見。當黨開全國代表大會時，上海市會把文化教育、經濟、社會服務、軍事等體系的黨代表分頭集中，收看中央會議的直播，然後發文件給他們，讓他們討論後回饋意見。該外資公司有一位高層職員是先進黨員，要向公司請假參加討論，公司當然會批准。據我

所知，現在的做法和以前很不同。以前是一個人去，其他人等事後傳達，現在是在本地區的黨員即場參加討論和發表意見。這樣看來，中國的垂直式民主可能是全球獨有的，部份基於毛澤東所講的「從群眾中來，到群眾中去」的傳統，令施政大多不會「離地」，且具有認受性。

雖然中國在實施這種垂直式民主，但不是沒有推行普及式民主。直選範圍已從縣一級普及到鄉鎮，選票對象包括人大代表與機關領導。多年來，在提名、競選與投票方式，以至候選人與應選人的差額上，多次嘗試與改進，但變化不是很大。我曾經觀察一個村鎮的選舉，那是按人頭一人一票選的。在那裏，宗族的影響非常大，姓陳的人多，姓李的便沒辦法選得到；還有經濟影響力問題，有錢人大排筵席，也有很大機會當選。共產黨組織在基層的組織力、遊說力是強大而有效的，優秀參選者選舉前都會被吸納入執政黨，所以黨在選舉中也是有影響力的。可見普及式民主的實施與社會、文化、物質、教育的條件很有關係，非一蹴能成，半個世紀能成算是高速了。亞洲、中南美洲有很多倉促產生普選民主制的國家，進步成效並不明顯。此後四十年，中國如何去實現普及式民主，即公平、公正的票選，以解決屆時的內部矛盾與資源分配，取得社會穩定及回應世界輿論壓力，是對執政黨的一個考驗。早在建國前，毛澤東在回答黃炎培提問如何跳出「興亡週期律」，避免王朝更替的歷史覆轍時，就指出要用民主選舉來解決。[70] 普及式民主發展得好，社會發展一般會穩定。

科舉式選拔

如上章節討論的，政績對政權的認受性有幫助。但政績相當大程度是由官員做出來的，這涉及自選參與的問題。在歷史上，人才選拔是個大問題。過去的科舉制，不只是個教育制度，實質上更是一項與民主選舉有相同作用的政治制度。兩者皆是選拔管治人才的模式。前者是以參選人的政綱為選拔依據，後者則以應試者的識見、素養、歷練為依據，也就是績優制。

在廢除科舉制一百年後的 2005 年，我去黃山參觀那裏的狀元博物館。科舉制通過考試選拔官員，這個有着一千三百多年歷史的制度很完整。有學者認為，科舉制是中國最具現代元素的制度，但我們在追求現代化的過程中卻廢除了它。許多人批評科舉制束縛人的思想，使中國人的學術和思想不自由，是中國社會進步停滯的原因之一。這種論點其實是一種缺乏詳細社會調查的魯莽結論。取消科舉制，可以說是歷史的吊詭。我讀到一百年前曾任中國同文館總教習（校長）一職的美國牧師丁韙良寫的書，其中一本是《漢學菁華》[71]。在書中，他把科舉制肯定為中國人對世界的四大發明貢獻之一，是自選參與的管治制度，把它等同於西方民主票選制度。他作了一個這樣的比較：在中國，一個能言善辯的人同一個耶魯博士一起競選，

---

[70] 1945 年 7 月 4 日毛澤東與黃炎培在延安的談話。

[71] ［美］丁韙良著，沈弘譯：《漢學菁華：中國人的精神世界及其影響力》，北京：世界圖書出版公司，2010 年 4 月。

耶魯博士會「當選」，做官管治人民；在美國，當選的是那個能言善辯的人。這兩種都是選拔管治人才的制度，各有優劣。[72]

廢除科舉是得到慈禧太后同意的，當時宮廷外有很多人反對廢科舉，但最終全國還是自然地進入現代的教育制度，再沒有對科舉制進行深入研究。這裏我想引用余英時教授關於科舉的一篇文章中的觀點，[73] 他說科舉制其實是一個很嚴密、發揮無形統合功能的制度，它將文化、社會、經濟諸領域及政治權力結構緊緊地聯繫起來，形成一個互動的整體，其實是一個非常先進、公平、公正、公開的制度。過去百年以來，大家多對科舉制持批判和否定的態度，因而忽略它的正面意義，諸如保障社會穩定性，改變兩千年以來的門第制，讓人才可以上浮等。廢除科舉，可以說是中國近代否定自己原創文明最粗暴的一個例子。2005年，一些有心人靜悄悄地進行了一些紀念行動，[74] 包括我機構也出版了《論語今譯時析》[75] 一書，選取《論語》中一百四十條語錄，用現代觀念去解讀，希望對否定科舉進而否定某些傳統文化的做法有所反思。

---

[72] 見丁韙良著：《漢學菁華》（香港中華書局，2007；北京：世界圖書出版公司，2010），「科學考試」一章。

[73] 余英時：《試說科舉在中國史上的功能與意義》，二十一世紀網絡版，2005年十月號，總第43期。http://www.cuhk.edu.hk/ics/21c/，瀏覽日期：2010年9月22日。

[74] 參見上文及羅志田：《數千年中大舉動——科舉制的廢除及其部份社會後果》，二十一世紀網絡版，2005年十月號，總第43期；何懷宏：《1905：終結的一年》，二十一世紀網絡版，2005年十月號，總第43期。

[75] 呂子德、周偉馳、鄭偉鳴編著：《論語今譯時析》，香港：耀中出版社，2006年初版。

科舉制當然不是完美的，如何將之改革、更好地利用是一個值得研究的課題。事實上，中國至今還在繼續使用沒有科舉之名卻有科舉之實的考試選拔制度，還在透過這一體系來吸納治國人才，協助中國走上現代復興之路。科舉形式上被廢止，它的精神部份被繼承，對今天中國的政治、文化依然有深遠的影響。按丁韙良牧師的推論，四千年前，堯舜時代的舉賢任能是科舉制度演化的開始。科舉制就是文官體制，是中國政治管治的體制。兩千多年來，官員是某個地方的鄉村讀書人，經過各級考試一直升到中央成為翰林，由翰林派去地方做知縣，再從地方行政官經若干年的歷練向上浮動到中央體系，成為全國政治領袖。在這樣一個流程中，我們是以縣作為管治基礎，中央翰林院組織全國的考試，集中之後再派下去。這是讓全國人才流動又統籌使用的體制，這要歸功於戰國以至秦統一前，商鞅、呂不韋、李斯、秦始皇等政治家的原創政治制度。

現今中國，科舉以現代化面目出現。2010 年時一條消息說，中國 13 個省市，全部公務員都要集中統一考試。[76] 在此之前，國家公務員考試制度已實行很多年，在這個考試中，通過統一的國家分數綫，便可以進入各部門的面試，當然，外交、公安等部門，有可能要再加上專業的考試。

---

[76] 公務員聯考，指中國 13 個省於 2010 年 4 月 25 日共同舉行的、統一考試時間、統一由國家公務員主管部門命題的聯合考試。是次 13 省共招錄 4.7 萬餘人，涉及考生可能超過 120 萬人。這 13 省是：雲南、江蘇、湖南、海南、山東、內蒙古、重慶、遼寧、廣西、寧夏、陝西、天津、西藏。考試科目中，《申論》試題主題相同，作答要求不盡相同；《行政職業能力測驗》試題相同，模組順序略有差別。

華人社會普遍重視教育和考試，與近兩千年的科舉制有關。在此制度下，平民子弟努力讀書考取功名，就有機會掌握權力，所謂「朝為田舍郎，暮登天子堂」，「萬般皆下品，唯有讀書高」的觀念漸漸深入民心。現時在內地，每年九月，清華、北大開學時，熱鬧盛大的場面值得大家去看。那些新生的家人都來送子女入學，他們就在大學的禮堂和球場露宿。[77] 子女入讀清華、北大，就等同當年入殿試一樣光榮。我有一個學生，女孩子，浙江人，考進清華時，村裏的人為此宴飲四天來慶祝。出錢設宴的可不是她的家人，而是村裏的其他人，不但村裏，連縣裏也視之為全縣之光。我另外一個學生，是某省的狀元，報讀了中央高校。考得進這些名校的學生，基本上不用擔心學費或食宿費的問題，因為他們都能獲得獎學金、助學金。

近年中國試行大學生村官選派制度，讓大學畢業生自願報名參加村官選派項目，到基層鍛煉，為期二到三年，目的是培養社會主義新農村建設骨幹人才、黨政幹部隊伍後備人才、各行各業優秀人才。被選派去當村官的大學生，大部份是本科畢業生，也有少部份碩士生及博士生。在上述村官選派制度中，若本科畢業的年輕村官鍛煉兩年後不想從政，可以選擇回校考讀碩士課程或另謀出路，這兩年可算實際工作年資。當村官若干年後，也可報考全國公務員，進入

---

[77]「百餘家長送清華新生入學後露宿校園」，人民網，網址：http://edu.people.com.cn/GB/4721550.html，瀏覽日期：2010 年 10 月 18 日。

公務員體系。胡錦濤當政時，回他的母校清華大學視察，發現清華畢業生很少去基層參與工作，大部份去了商界。他認為清華大學不是專為商界服務的，還要為人民服務。於是當局自此規定，每年從清華、北大等高校抽調博士生下放到地方，如縣級，做幾年地方幹部，用幾年時間鍛煉和學習。如果經過幾年的鍛煉，認為自己適合在國家機關服務，這些博士生可以申請繼續留在黨政機關服務，經過各種行政鍛煉有機會上浮到中央政府或省政府做領袖官員。

我有學生在這些制度裏上浮，所以知道這制度如何運作。為何要選拔博士生呢？成為一位博士生得花十年時間，期間受到黨的幫助、教育及鍛煉。他們進入學生會成為骨幹，接着入共青團、入黨，樹立起為社會、為人民服務的意識。這期間，他們會受到組織的考察。經過長期鍛煉與觀察而給挑選出來的人，品質相當可靠。他們基本上是又「紅」（忠誠於國家、社會、黨的事業）又「專」（具備知識、專業）。這些人讀到博士時大概是二十五六歲，如果願意進入公務員體系的話，便安排下放到地方，如做縣級的幹部。我有些學生或朋友正經歷這個流程。最近，連香港的年輕人也有機會。我有位學生，香港中大碩士，之後到英國倫敦大學亞非學院深造，然後在清華取得博士學位，接着進入政府這個流程，去了貴州的窮鄉僻壤當地方官。他是讀法律的，所以後來又進入相關體系工作。

在這個過程中，年輕人從低級做起，一級一級地升上去。胡錦濤也是如此上去的。我問過一些曾與他共事的人，也看過很多他的資料

和舊照片，可以確定他是普通家庭出身。他起初在青海工作，給宋平發掘出來，接着一直加以提拔。他完成清華的那個歷程，然後去窮鄉僻壤和城市工作。他是由青海去西藏，然後上浮到中央。習近平雖然是高幹子弟，走的依然是這條路。有的高幹子弟轉入民間或出國謀生。因為父輩關係，高幹子弟會受到特別注意，但這樣的情況在美英也有，如美國政壇的甘迺迪家族三代人，日本也有這樣的政治世家。現時中國領袖人物的上浮道路不是靠血統決定的，這與中國歷代王朝不同。

別的國家很少如此系統、專注、長時間地培養年輕人。據我知道，中國這個培養體制成功率不低。中央組織部負責管理為數 5000 人 [78] 的司、局級人才後備庫，年輕幹部一般必須要在 40 歲之前擢升到這個級別，才會有機會繼續晉升上去，否則的話，只會留在中基層。

中國的人才選拔制度繼承了中國的社會、文化傳統，支撐起有效、具政績的管治體系。每個國家的發展道路，都有各自的特色。

朝貢制度下的外交

一個國家的外交是內政的延伸。中國現時外交的總策略，是建立並維持一個外部穩定的環境，以利內部的發展。所以，北京對內提

---

[78] David L. Shambaugh, the Modern Chinese State, Cambridge University Press, 2000, pp.173.

出建立和諧社會，對外則提出建立和諧世界，習近平更於 2013 年向全球提出建立歐亞大陸「一帶一路」共融共用的中國建議。由於國勢日盛，海外的利害糾纏漸多，中國需加強保護自身利益。從 2016 年開始，中國擴展全國軍事體系，增強軍事科技，全面建立天、空、海、陸系統及籌建可能四隊的航母戰鬥群，以保衛相應經濟規模的全球發展。中國應吸取歷史上宋朝的強經濟、弱軍事的經驗，不要成為一隻弱軍事、強經濟的「肥羊」，隨便給世界強權勢力剪去身上的毛。除增設硬實力外，還需提升軟實力。在外交層面，隨着金融危機及全球反恐形勢稍為緩和，及因應中國的崛起，美國於 2010 年時推行「重返亞洲」策略，主要是指在東亞、南亞和東南亞，對中國實行新的圍堵。雖然特朗普在 2017 年初上台後宣佈放棄這策略，但並不意味美國在亞洲放軟手腳，把地盤讓給中國。在這背景下，歷史上中國與周遭國家的藩屬關係及相關的朝貢制度，以至在春秋戰國時的合縱連橫經驗，對現時中國如何處理與鄰近國家的關係，如何應付對手，以突破新的圍堵，維護自身利益，有現實的參考價值。藩屬關係及相關的朝貢制度，並沒有令中國支配周邊國家，所以其他國家可以相信中國「不稱霸」的諾言。當然，中國還得使用、參考西方主導形成的國際法等現代工具，來處理日益繁多的外交問題。

國與國之間如何相處，古往今來有不同的模式。古希臘諸城邦之間，羅馬帝國與其他小國之間，都有不同的相處模式。在西方，經過宗教改革和由此引發的信奉不同宗派的王國之間的宗教戰爭之

後，確立以領土主權與主權平等為原則的現代國際關係。於 1648 年歐洲諸國達成威斯特伐利亞和約，構成現代西方國與國關係上的「條約體系」。隨着歐洲列強向世界其他地方進行軍事、商業和政治擴張，它們對其他國家並沒有實行主權平等的原則，而是對亞洲、非洲、拉丁美洲實行殖民地政策和帝國主義政策，控制、剝奪和奴役那些國家和人民，形成國際關係上的「殖民體系」。雄踞於東亞的中國則在長期的歷史發展中，與其周邊的小國形成「朝貢體系」。自公元前 3 世紀開始，直到 19 世紀末期，以中國為核心，在東亞、中亞和東南亞形成一個等級制的網狀政治秩序體系，維繫着整個地區的和平與穩定。朝貢體系常與條約體系、殖民體系並稱，是世界主要國際關係模式之一。

朝貢體系顯然與現代西方殖民體系不同。殖民體系的典型例子是英國人殖民印度近二百年，以及近代西方列強對非洲的殖民統治。宗主國從經濟上剝削殖民地的勞動力和自然資源，使其成為經濟的附庸、廉價的原料供應地和宗主國製成品的消費市場，因此殖民地的經濟是畸形發展的。在政治上，宗主國不讓殖民地獨立，壓抑其獨立的政治訴求，以至思想、文化上的獨立性，因此殖民地的文化一般是落後的。殖民主義在國際關係體系上形成一套話語體系，把殖民地人民塑造為「次等民族」，將有色人種視為「劣等人種」。相形之下，朝貢體系要仁慈得多，中國在經濟上並不把小國當作自己的附庸，而是「薄來厚往」，小國只要朝貢，雖然朝貢的禮物很少，但中國會給予豐厚、遠超出其價值的回報，並給予其與中國進行貿

易的權利。在政治上，中國並不干涉、插手小國的國內政治（除非小國遇到外國入侵、擾亂其繼承秩序等重大事故，比如明朝就幫助朝鮮抗擊日本，使之避免亡國），對其國內自主產生的政權，也只是加以追認而已。當小國之間發生糾紛時，中國會加以調解。總體來說，朝貢體系雖然是一種有差距的、不平等的（中國是大國，周邊諸國是小國，小國服從大國）網絡關係，但是在維護地區和平與穩定，保持各國政治經濟自主方面，要遠遠優於殖民體系。

在晚清，人們發現當時的國際關係與中國春秋戰國時期的諸侯國之間的關係甚為相似，都是各國彼此交戰，勢力均衡，只好「平等」相待，互派外交使節、訂立盟約之類。中國早已渡過這一歷史階段而形成一個大國家，在國境之內保證安全與和平，在國境之外則通過朝貢體系保證整個周邊地區的和平與安全。在與西方接觸、瞭解到整個世界之大後，中國人突然發現仿佛回到春秋戰國時代，只不過在這個時代中國是以幾百個國家中的一個國家參加而已。在 19 世紀、20 世紀早期的國際關係中，西方的國與國之間是平等的，但西方列強則常常欺侮、奴役窮國、弱國。當時是一個叢林世界，「弱國無外交」。只是到二戰之後，比較合理的國際關係體系才逐漸建立起來，但一些大國，尤其是美國、前蘇聯這樣的「超級大國」，總是具有硬實力和軟實力上的優勢，中國則連同其他一些國家，試圖平衡超級大國的勢力，就如春秋戰國時的合縱連橫的做法。

近年，中國的經濟迅速崛起，把製造業網絡從中國擴散到周邊國家，形成一個以中國為中心的亞洲產業鏈，在相互配合中共同發展。事實上，與鄰近國家的經貿往來中，中國是有點讓利，有些朝貢制度的影子。當然，因領海誰屬與資源問題，中國在東海與南海跟周邊國家是有摩擦的，一如在歷史上，中國與藩屬國也是有糾紛的。在某種意義上，中國與周邊小國因過去有朝貢制度的歷史經驗，而中國與周邊的小國也必然參考這方面的歷史經驗。

在政治方面，從內政到外交，中國由於自己的歷史、民情與文化，形成與西方不同的整套制度與政策。當然，在近代以來，中國都有參考西方的優缺點，正發展一套新的模式：如在內政上既重視民情，也認識到要通過選舉來確認結果的做法，且透過績優制長期培養各級領導人，主要用政績來支持其認受性（天命）。在外交方面，除應用國際法等現代手段外，中國還在合縱連橫與朝貢等傳統中找尋智慧，以應對當今的挑戰。

中華文化傳統根源之（七）

科舉制

科舉制，又稱科舉、科舉制度，是中國古代通過考試選拔官吏的制度。由於採用分科取士的辦法，所以叫做科舉。士子應舉，原則上允許「投牒自進」，不必非得由公卿大臣或州郡長官特別推薦，這是科舉制最主要的特點。

科舉制萌發於南北朝時期，隋朝時開始建立，真正成型是在唐朝。隨着士族門閥的衰落和庶族地主的興起，魏晉以來選官注重門第的九品中正制已無法繼續下去。隋文帝即位以後，廢除九品中正制，開始建立科舉制。隨着隋、唐兩代的發展，到了宋朝，由於社會的劇烈變動和科舉制的逐漸完善，世族門第的影響力幾乎消失。自此以後直到 1905 年廢除科舉制度的一千多年間，中國是一個由士大夫所組成的政府治理。士大夫指的就是通過讀書科舉做官的人，是在自由意願下參與這個流動過程的，他們的地位不由出身門第決定，而由不論出身、貧富皆可參加的科舉考試決定。權力因此掌握在知識精英手中。

科舉制改善了之前的用人制度，徹底打破血緣世襲關係和世族的壟斷；「朝為田舍郎，暮登天子堂」，部份社會中下層有能力的讀書人進入上層社會，獲得施展才智的機會。

科舉制前後經歷一千三百餘年，成為世界延續時間最長的選拔人才的辦法。科舉制有很多方面，它對中國文化發展有深遠的影響。這裏以明清的科舉制為例簡要說明其內容、形式、程式及影響。

科舉考試的內容：科舉考試分為文科和武科。文科主要考儒家經典，以四書五經為主。考題多從四書五經中出，要求考生對經典非常熟悉並且有透徹的理解。武科則要考騎馬射箭、舉重舞刀等競技藝術和兵書。

科舉考試的形式：早期科舉考試有墨義（名詞解釋與簡答題）、口試、貼經（填空）、策問（關於經文與時政的議論）、詩賦、經義（對四書五經進行闡釋與發揮）。唐詩之所以發達，與唐代科舉考試重視詩賦有關。雖然詩賦到清朝仍是進士考試的科目，但從宋代開始，尤其明朝，各級考試就主要以「經義」為主，明清更規定對經典的闡釋一定要根據朱熹的《四書章句集注》。連對答題文章的具體形式都管得很死，就是「八股文」。

明清科舉考試制度分兩個階段，一個是初步考試，一個是正式考試。初步考試又叫童試，在縣城舉行，參加童試的人稱為童生，通過者稱「生員」或「秀才」。秀才有資格進行正式的科舉考試。正式科舉考試分為鄉試、會試、殿試三級。鄉試在各省省城貢院舉行。每三年一次，秋天進行。凡本省科舉「生員」（秀才）均可應考。鄉試考中的稱「舉人」，第一名稱「解元」。會試由禮部主持，於鄉試第二年的春天舉行。全國舉人趕往京師參加。考中的稱「貢士」，第一名稱「會元」。殿試在會試後當年舉行，應試者為貢士。貢士在殿試中均不落榜，只是由皇帝重新安排名次。殿試由皇帝親自主持，只考時務策一道。錄取分三甲，錄取者均稱「進士」。其中一甲三名，第一名稱狀元，二名榜眼，三名探花。殿試之後，狀元授翰林院修撰，榜眼、探花授編修。其餘進士經過考試合格者，叫翰林院庶吉士。三年後考試合格者，分別授予翰林院編修、檢討等官，其餘分發各部任主事等職，或以知縣優先委用，稱為散館。庶吉士出身的人升遷很快，很多人成為朝廷重臣。

科舉程序及基本內容

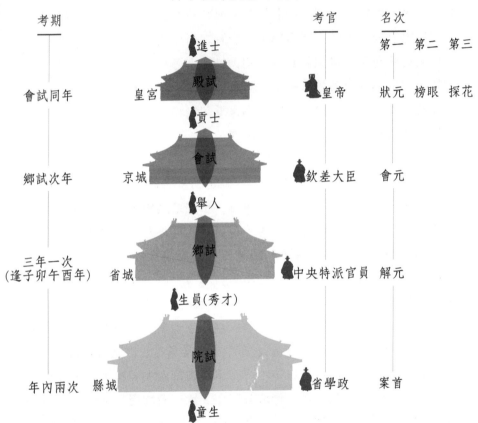

考期		考官	名次
	進士		第一 第二 第三
會試同年	殿試 皇宮	皇帝	狀元 榜眼 探花
	貢士		
鄉試次年	會試 京城	欽差大臣	會元
	舉人		
三年一次 (逢子卯午酉年)	鄉試 省城	中央特派官員	解元
	生員(秀才)		
年內兩次	院試 縣城	省學政	案首
	童生		

如果用今天的教育系統來做類比，大致「童生」相當於「中小學生」，「秀才」相當於「大學生」，「舉人」相當於「碩士」，「貢士」和「進士」相當於「博士」，翰林院則相當於「院士」。

晚清的重臣，大多由進士出身，如曾國藩、李鴻章、張之洞等。而造反的洪秀全，則僅是秀才。

科舉制度實行一千多年來，中國很多政治家、高官都兼具文學家、哲學家、詩人的身份。很多哲學家、詩人、文學家也是從這個制度考上去而成為當政者的，他們都能執筆作文寫書，我們熟悉的唐宋元明清各代文人學者如韓愈、白居易、歐陽修、蘇氏父子等，皆科舉出身。所以，法國思想家伏爾泰認為，中國不是一個君主獨裁的國度，而是建立在家長式統治基礎上的君主國。中國這個制度是哲人管治的制度，是知識份子管治的制度，是古希臘人所崇尚的最完美的管治模式。

一般人談到中國的發明，都知道「四大發明」。但在制度上，中國亦有很多發明，科舉制就是其中之一，它被許多人稱為中國的「第五大發明」。這個發明在東亞一些國家得到傳播，並在現代西方得到改進和變形。

中國的科舉制度，在 18 世紀為歐洲所贊嘆不已。明末清初時，來華傳教的歐洲傳教士把科舉制介紹給歐洲。這在當時主要以貴族世襲來選拔人才的歐洲引起轟動。18 世紀啓蒙運動中，不少英國和法國思想家都推崇中國這種公平和公正的制度。一些人認為它就是柏拉圖所嚮往的「哲學家」治國模式。英國人考察中國之後，將科舉制度帶回英國，結果產生一個影響全球的公務員制度。英國在

19世紀中至末期規定，政府文官通過定期的公開考試招取，這便漸漸形成後來為歐美各國仿效的文官制度。文官制所採取的考試原則與方式與中國科舉十分相似，很大程度是吸納了科舉的優點。

科舉制是對世襲、舉薦制的打破，它意味着一種公平、公開及公正，它裏面蘊含有一種古老的平等的思想，即「將相本無種，男兒當自強」、「朝為田舍郎，暮登天子堂」、「天理面前人人平等」的思想，一個人只要通過自己的努力和才能，不管出身、貧富、地域如何，都能參與政府管治，能夠獲得傑出的社會地位和知識上的成就。

由於以儒家經典作為考試內容，因此所有考生（從十來歲的幼童到白髮斑斑的老人家）都要自覺地學習儒家思想，人人都保持「終生學習」的習慣。通過他們，整個政府和社會都逐漸地被「儒化」，儒家的倫理標準和社會理想滲透到國家治理當中。這是因為，一部份考試成功的儒生當上各級政府官員，會自覺不自覺地將儒家價值貫徹到行政管理中去；而沒有做官的秀才、舉人、進士，則在各自家鄉享有崇高的威望，掌握着各地尤其鄉村社會的輿論、思想潮流，具有相當高的「軟實力」，以他們為主的「鄉紳」群體對於中國草根社會的自治起着重要作用；整個「讀書人」群體則在社會中擴大了儒家經典與價值觀的影響力。在儒家思想加上佛教和道教對民眾的影響，傳統中國的社會秩序基本能夠維持一個比較和平的狀態。

即使在 1905 年科舉被廢、1919 年五四運動中儒家被批判、1949年共產主義成為官方意識形態，儒家經典被驅逐和被邊緣化之後，科舉制雖不復存，但對知識與學習的尊重，對獲得各種學位者（大學、碩士、博士）的尊重，仍然深深地紮根在中國文化當中。中國成為一個「文憑社會」和「考試社會」，改革開放後提倡「幹部隊伍」年輕化、高學歷化，中國政府成為一個「學習型政府」等等，仍然是傳統科舉思維的繼續。在當代中國，雖然形式上已廢除科舉，學習的內容也不再是儒家經典，奉行的價值觀也不是儒家思想，但是在官員選拔的形式上，我們仍然可以看到科舉制的痕跡。近年來，中國最熱門的考試就是「公務員考試」，以各級學生（從本科到博士）為主體的參考人員只要合格，憑能力和機遇就能夠進入行政部門，這可以說是中國在科舉制基礎上吸收西方現代文官考試的一種制度。

在晚清，美國傳教士丁韙良對科舉制的優點和缺點都有所分析。他提出的改良辦法是，保留科舉的形式，但是改變科舉的內容，在考試科目中加入自然科學等現代知識，這樣就能促使人們終生勤奮地學習各門科學、各種經典，有助於中國發展自然科學和社會科學，而從考試中脫穎而出的一部份有志於行政的最優秀的學生，若經過一些年頭的實踐鍛煉，能夠收到成效，則其對於社會治理的實際貢獻要勝於民主制下的光知道耍嘴皮子的政客，因此科舉制改良後仍可以不失為一種理想的制度。當代中國雖然早已沒有科舉制而模仿西方現代教育制度（包括前蘇聯的），但是就選拔優秀學生進入政

府部門並予其以鍛煉機會，經過實踐考察然後決定其升遷來說，仍然是繼承舊的科舉傳統。這跟西方的選舉制仍然是很不相同的。

中華文化傳統根源之（八）

朝貢體系及影響

朝貢體系的雛形是古代中國（大陸地區）的畿服制度，即中原王朝的君主（或君王）是內服和外服的共主（「天子」），君主在王國的「內服」（中心地區）進行直接的行政管理，對直屬地區之外的「外服」（邊緣地區）則由中原王朝冊封這些地方的地方統治者進行統治，內服和外服相互保衛，還有向天子進貢的責任，由此形成「普天之下，莫非王土」的世界共主的「天下」概念。

商朝已建立「內服」和「外服」制度，周朝將這一制度細化，發展出「五服」、「六服」和「九服」的概念，在《周禮・秋官・大行人》中，詳細規定各服的貢期和貢品的種類，還第一次提出「九州之外，謂之番國」的概念，試圖將這一制度推廣到更廣闊的中原王朝尚未實際掌控的地區。但是，由於周朝採用分封制度，後期又陷入諸侯紛爭，所以這一制度基本上只停留在紙面上。

公元前 221 年秦朝統一中原，建立了嚴格意義上的中央集權制帝國。秦漢時期，整個東亞和東南亞地區除匈奴之外，並不存在可以與秦漢全面抗衡的政權。因此，除以「敵國」身份對待匈奴之外，

秦漢帝國便開始將畿服制度推廣至已知的世界。尤其在漢武帝擊敗匈奴、開通西域之後，以中原王朝為中心的朝貢體系正式確立。在這一時期的朝貢體系中，中原政權和其他諸國以「冊封」關係為主，即外國諸國需要主動承認中原政權的共主地位，並憑藉中央政權的冊封取得統治的合法性。中央政權對各地方政權往往直接封為「某某國王」，如「漢委奴國王」、「南越武王」、「疏勒國王」等。各受封國對中原政權按照不同的要求負有進貢和提供軍隊等義務。漢朝僅僅冊封其有能力控制或者自行前來投附的地方政權，政策相當務實。對於其認為可以控制的政權，如若敢挑戰漢朝的共主地位，就會進行軍事打擊，漢武帝就因此先後擊滅南越、朝鮮並遠征大宛。而在其控制範圍之外的國家，如安息（即帕提亞，今伊朗高原地區）、大秦（羅馬帝國）等，漢朝都承認其獨立地位，並不試圖進行冊封。

公元 3 世紀至 6 世紀，中原陷入分裂與混亂，北方遊牧民族大量進入中原，原有的冊封體系隨之崩潰。589 年隋朝重新統一中國之後，朝貢體系方得到恢復。但是，唐朝崩潰後，遼、宋、金、元等朝代相繼而起，整個朝貢體系再次陷入混亂之中。在這數百年間，往往同時有多個政權聲稱自己是天下之主，要求周邊諸國朝貢，各小國往往也同時向多個大國朝貢，更有一些國家一邊接受小國的朝貢，一邊又向比它更大的政權朝貢。使得這一時期的朝貢體系呈現出多元的網狀特徵。即便是在唐朝國力鼎盛之時，日本、渤海等國也力圖成為次級的朝貢中心，甚至互稱對方的使節是「貢使」。這

段時間內，中原政權往往採取「羈縻」政策取代原有的冊封制度，其主要的特點是，冊封的不再僅僅是王號，而是和直屬官員相同的官職。唐朝羈縻制度有三種情況，一種是在唐朝軍事力量籠罩之下的地區設立的羈縻州、縣，其長官由部族首領世襲，內部事務自治，並進行象徵性的進貢，但是負有一些責任，如忠於中原政府、不吞併其他羈縻單位和內地州縣，以及按照要求提供軍隊等等，實際上中原政權將其視為領土的一部份，文書用「敕」；一種是所謂的內屬國，如渤海、疏勒、南詔、契丹等，一般封為都督或郡王，有着自己的領土範圍，但是其首領的政治合法性來自於中原政府的冊封，不能自主，中原政權將其視為臣下，文書用「皇帝問」；一種是所謂的「敵國」和「絕域之國」，如吐蕃、回紇、日本等，雖然可能亦有冊封，但多為對現實情況的追認，其首領的統治合法性並不依賴中原政權的冊封，中原政權的文書多用「皇帝敬問」。宋朝之後，進一步加強對第一種情況的羈縻州、縣的控制，在部族首領之外，加派中原政府任命的監管官員，到元代逐漸演化成土司制度，實際上將其納入中原政權的領土之中。

元朝時，中原的皇帝名義上是全蒙古帝國的共主，國勢空前強盛，但除高麗國王短期被冊封為「征東行省丞相」外，統治者並未採用傳統上的朝貢制度。

明朝建立後，1371 年明太祖朱元璋明確規定安南、占城、高麗、暹羅、琉球、蘇門答臘、爪哇、湓亨、白花、三弗齊、渤泥以及其

他西洋、南洋等國為「不征之國」，確立中國的實際控制範圍，並且確定「薄來厚往」的朝貢原則，由此最後確立朝貢體系成為東方世界的通行國際關係體系。在這個體系中，中國中原政權成為一元的中心，各朝貢國承認這一中心地位，構成中央政權的外藩。

15 世紀前期，隨着鄭和船隊對印度洋的巡航，以及永樂帝朱棣對北方蒙古勢力的掃蕩，朝貢體系達到它的巔峰，在明朝陸海軍的「威逼」和「厚往薄來」政策的「利誘」之下，向明朝政府朝貢的國家和部族一度達到 65 個。在此同時，日本對琉球、朝鮮，朝鮮對女真，越南對占婆、南掌等國，也都提出朝貢的要求，形成數個次級的朝貢中心。

這個時期，除同明朝有直接接觸的朝鮮、越南、緬甸等國外，在「厚往薄來」政策引導下，其他的一些國家對於明朝的朝貢，逐漸演變成一種貿易往來，尤其是明朝中後期的海禁政策，使得朝貢幾乎成為這些國家同中國進行貿易往來的唯一手段，這之中最有名的就是中日之間的勘合貿易。

1644 年，清朝取代明朝，統治整個中國大陸，其版圖達到前所未有的遼闊。它保留了明朝的朝貢體系，只是要求各國繳還明朝的封誥，重新領取清朝的封誥。清朝將和周圍部族的往來事務分別交給理藩院和禮部管轄。蒙古、西藏等地與內地的往來被視為國家內務，由理藩院管轄。朝鮮、日本、俄羅斯等國則被視為獨立的外國，由禮部管轄。

與明朝相比，清朝更多地是根據自己的歷史與實際需要來運用朝貢制度，在朝貢關係方面的變化主要體現在兩個方面：一是將西洋諸國從朝貢範圍內逐漸剔除；二是中國境內周邊民族因內附而退出朝貢行列。這種變化的原因，一方面在於清政府更加重視朝貢的政治依附關係，將朝貢與通商區分開來，明確藩屬關係與通商關係的差異；另一方面，隨着全國大統一的實現，歷史上長期以來與中原王朝保持藩屬關係的民族和地區，不再以朝貢者的藩屬身份僻處一方，而是正式納入清朝的直接統治，從而最終退出朝貢、藩屬的行列，成為中國本土的一部份。

因此，清朝的朝貢體系，主要是針對朝鮮、越南、琉球這類周邊附屬的小國。

1648 年，隨着威斯特伐利亞條約的簽訂，條約體系逐漸成為歐洲國家之間的主要國際交流體系。同時，殖民體系成為歐洲國家在與其他弱小部族交往時的主導體系。

隨着歐洲國家逐漸同東方世界直接接觸，這幾種國際關係體系之間的衝突便開始發生。1653 年，俄羅斯沙皇派遣使節，要求順治皇帝向其稱臣，成為俄羅斯的殖民地。這種要求理所當然地被中國皇帝拒絕，並反過來要求沙皇前來北京朝貢。經過長期的武力衝突和外交鬥爭，中俄雙方都開始認識到對方的實力，最後於 1689 年按照歐洲國際公法的慣例，簽訂《尼布楚條約》，之後又在 1727 年

和 1728 年相繼簽訂《布連斯奇條約》和《恰克圖條約》，實際上確立兩國的平等地位。這是在過去數百年間中國（清政府）唯一與外國簽訂的平等條約。

歐洲勢力東漸，開始蠶食中國周邊的小國，日本在德川家康建立幕府之後停止向中國朝貢，並且加強對琉球的控制。這些都使得清朝朝貢體系內的成員大幅減少。清朝中期，朝貢國減少到七個：朝鮮、越南、南掌、緬甸、蘇祿、暹羅、琉球。

1793 年，英王派喬治 · 馬戛爾尼使團到訪中國，欲按西方條約模式與中國簽訂通商條約，但中國視之為文化低其一等的「外夷」，並不將它看成與自己平等的國家，由此展開條約體系和朝貢體系全面的碰撞。馬戛爾尼提出的互派使節、簽訂通商條約等要求，均被乾隆帝以「不可更張定制」為由拒絕。

隨着東印度公司退出中英貿易，散商在廣州貿易佔上風，他們向中國大量輸入鴉片，引起中國朝野的不滿。林則徐禁煙引發鴉片戰爭，清朝戰敗。1842 年，中國政府被迫與英國簽訂《中英南京條約》，首次以文字規定中國和外國平等往來，朝貢體系的基礎遭到動搖。在接下來的數十年中，朝貢體系被一個又一個條約削弱。1871 年，清朝甚至同曾經的朝貢國日本簽訂平等條約《中日修好條規》，朝貢體系開始破裂。中法戰爭和中日甲午戰爭後簽訂的《中法新約》和《馬關條約》，使清朝最後的朝貢國越南和朝鮮也脫離朝貢體系，這個體系徹底崩潰。

在朝貢體系影響下，東亞地區逐漸形成一個以漢字、儒家、佛教為核心的東亞文化圈。文化圈內，強調文化上的「華夷之辨」。日本江戶時代即有所謂「華夷變態」之論，李氏朝鮮甚至以「中華」自居，視清朝為蠻夷。越南阮朝也自視為「中國」，別人為「夷」，在印度支那半島全力「改土歸流」、「以夏變夷」，強迫柬埔寨國王接受漢姓，將夷名「柴棍」改名「嘉定」（今胡志明市）等。

[參考資料：「百度百科」；陳廷湘、周鼎《天下、世界、國家》（上海三聯書店，2008 年）；郝祥滿《朝貢體系的建構與解構：另眼相看中日關係》（湖北長江出版集團，2007 年），祁美琴相關論文。]

第八章

中國之路的將來及其影響

全球變局下的調整 _____

外交是內政的延續，中國日益強盛，必然在國際間有所作為；另方面，中國需要一個和平與對己有利的外部環境，讓自身進一步穩定發展。所以與外部世界如何互動，以及在當前局勢中扮演何種角色，對中國的發展道路有着重要的影響。目前，在世界許多地區，全球化與反全球化在交鋒，伴隨着自由貿易與保護主義，以至包容與排外潮流在對撞。但不管變化如何，總的趨勢是西方兩百多年以來的支配地位正被削弱，中國及其他一些新興國家對世界事務的話語權將與日俱增。

接着要問的問題是，中國會否繼續遵守現存由西方，特別是美國型塑的國際體系嗎？《當中國統治世界》作者馬丁‧雅克（Martin Jacques）就在書中問道：「從長遠來看，中國是否會像現在這樣接受國際體系，還是會試圖從根本上改變這種體系？」中國在1955年召開的萬隆會議提出和平共處五項原則；鄧小平在冷戰結束後主張「韜光養晦」，不強出頭；進入二十一世紀，胡錦濤推出「和諧世界」論，對全球承擔責任；習近平上台後倡導「人類命運共同體」意識，作為全球治理的基礎。至今，中國努力成為國際體系守規矩的成員，並證明自己是「負責任的大國」。但馬丁‧雅克斷言，新崛起的國家憑借經濟實力追求更為遠大的政治、文化和軍事目標，是國際社會的鐵律，這正是霸權力量的意義所在。

中國復興以至取回她在世界上應有位置的過程中，與美國的博弈是關鍵。蘇聯瓦解、東西方冷戰結束後，美國獨大，但中國也迅速崛起，且雙方交往加深，已造成你中有我，我中有你的狀況。為保持自己的支配性地位，美國對中國多方面加以遏止。奧巴馬執政時期，美國推行亞洲「再平衡」戰略，在南海與東海，連同日本等國家搞局，要在淺海範圍用軍事、外交手段壓制中國。在中國國境的一些邊緣地區，美國也在製造麻煩，好讓北京分心，如在台灣、香港、新疆、西藏等問題上，利用執行西方、美國話語權、價值觀的國際組織在民主、自由、人權等方面施加壓力。特朗普奉行「美國優先」政策，用貿易逆差、人民幣匯率等問題向中國施壓，且揚言要對中國進口貨物徵收懲罰性關稅。他雖然取消亞洲「再平衡」戰略，但這並不意味會放棄在南海、東海用軍事來牽制中國。

應對美國的攻勢，中國堅持獨立自主，不主動挑戰美國。中國民眾對美國基本是親和的，許多包括高幹子弟在內的年輕人留美學習，但中國政府應該加強防守及突破美國封鎖，壯大自衛能力。在外交問題方面，中國當局「兩手調控」：一方面與美、日等有摩擦的國家周旋，另方面用好國內日漸高漲的民族主義情緒。在 2013 年，北京推出綜合經濟、外交等方面考慮的「一帶一路」戰略，塑造新的國際經濟秩序，或多或少起着突破美國圍堵的作用。

台灣問題涉及中國國家、民族的底線。海峽兩岸是軟着陸式的和平統一抑或是硬着陸式的武力統一？未來十年將是關鍵時期。未來台

灣島內形勢，將取決於其執政黨的兩岸政策及中國國內與東亞政治形勢的變化（很大程度受日本、美國與中國的外交博弈所左右）。但我相信，十年內必有新勢態，習近平必有新態勢，這是符合形勢的預期。

美國與中國也有合作的一面。美國 911 恐襲後或多或少跟中國聯手反恐，在 2008 年金融海嘯後，經濟能量減退的美國也更需要中國的市場與投資。習近平與特朗普於 2017 年 4 月首次會面着重談合作。習特會傳遞中美合作是兩國唯一正確選擇的訊息，正如習近平說，「我們有一千條理由把中美關係搞好，沒有一條理由把中美關係搞壞，中美和平合作對世界和平發展只有好處，國際社會亦樂見」。雙方敲定百日計劃，特朗普又要回訪中國。習近平着眼於兩國未來關係，他呼籲中美前瞻未來四十五年的關係（2017 年是中美自 1949 年後首次簽訂外交公報的四十五周年。）中國要打造的是「新型大國關係」，避免掉進修昔底德陷阱。

中國與其他地區的外交也有其複雜之處。在東北亞，除俄羅斯，還涉及朝鮮、日本與韓國，以及在後兩國背後支撐的美國，這裏的博弈是充滿張力與戲劇性的。特朗普聲稱對朝鮮的新策略，也將影響這個地區的態勢。

南亞局勢有兩大問題：核安全、石油運輸。該地區兩大競爭對手印度與巴基斯坦皆擁有核能力，讓兩國長期緊張的關係得不到舒緩。

中國與巴基斯坦有着長期友好關係，近年跟印度關係有改善也有摩擦。南亞對中國石油進口具戰略重要性，長期以來，石油是由油輪通過馬六甲海峽運輸至中國的海南島。中國希望改善陸路運輸，若能從南亞海岸通過緬甸鋪設的油管運輸進來，將免去一旦局勢有變，在馬六甲海峽給封鎖的可能性（美國在控制海峽通道的新加坡駐有軍隊），當然也會節省運輸成本。南亞地區問題相當複雜，印度的戰略考慮，以及美國在該地區的資源、反恐考量（包括對巴基斯坦的倚賴），都影響着中國與南亞的關係。

在歐洲，英國於 2016 年全民公投通過的脫離歐盟，加上特朗普早期貶低歐盟的言論，讓人們懷疑歐洲一體化進程能否繼續。面對內部與外部的變化，預料歐盟與英國會各自加強與中國的經貿以至政治合作，中國一如既往地表示支持歐盟及強化與英國的關係。歐盟中最強經濟體的德國，其在中國的經濟增長上有頗多持份，對中國發展的取態一直較為正面。「脫歐」的英國失去了以往進入歐洲市場的方便，會更積極地尋求與中國的經貿、政治與外交合作。

非洲、中南美基本上是中國的貨品與投資市場、礦產與農產品的來源地，也是經濟援助的對象。雙方處於互利、無衝突的狀態。但如何應對關於中國對非洲的資源掠奪及新殖民地的指控，是中國制定全新觀念與政策的好時機，應通過新的非洲政策以加強在全球的話語權。

建立自己的規則標準

中國的發展目前到了甚麼階段呢？我們可以看一下世界銀行的世界發展指標。到 2014 年，中國的發展指標達到世界第一，35.9；德國是世界第二，22.6；日本第三，18.5。這是前三名。美國數字是 12.4，而世界當時的平均指標是 16.2。這些是籠統的數字，但也說明這些國家大致的發展狀況。以製造業來說，美國從 1895 年到 2009 年，一直都是領先世界，但這幾年給中國超越了。中國製造業的產量則是俄國的 13 倍。

其他許多方面，中國的排名都是世界第一的。據 2013 年世界銀行數據，中國生鐵的產量佔全球總產量的 59%，造船量是世界總造船量的 40% 以上，中國有 10 萬噸級到 100 萬噸級的船廠船塢的泊位，佔全世界的 67%。中國汽車的產量佔全世界的 25%。全世界的成衣中，每年人均 4 件是中國製造的。全世界的鞋，每年人均三對是中國製造的。全球市場研究機構 Trend Force 指出，2016 年中國品牌智能手機的出貨總和達 6.29 億支，已超越三星、蘋果加起來的 5.19 億支，預期至 2017 年中國品牌智能手機出貨佔全球比重將達到 50%。

中國取得巨大發展的道路上，民企與國企皆扮演重大角色。民企成功的範例可由「帽子」來代表。帽子(HAT) 的 H 是 Huawei(華為)，A 是 Alibaba(阿里巴巴)，T 是 Tencent(騰訊)。這三間

公司都是行業中的世界領航者。《亞洲周刊》總編輯邱立本在文章中談及「帽子」時指出，中國民企當前在人工智能、移動支付與共享經濟等領域都是執世界之牛耳。民企不但在產品價值方面作出巨大效益，在公司股權結構方面還作了創新。如華為的工人、技術、銷售人員都是公司的股東，而薪水、福利、居住津貼亦照領。華為在全球有 16 個科研中心，招攬全球的人才。央企與國企也有亮麗的成績。中國在八年內興建 20,000 多公里的高鐵，將全國形成一日生活圈，並向外輸出其系統。央企與國企在外國承擔大型基建工程中帶頭，由於技術過關、造價便宜而廣受歡迎。

現在中國不但是出口貨品大國，還是出口資本大國。據中國商務部統計，如果加上第三地融資再投資，2014 年中國的對外投資規模應該在 1400 億美元左右，這個數據大大高於中國利用外資 200 億美元。所以在 2014 年，中國的實際對外投資已經超過利用外資的規模，已經成為資本的淨輸出國。這樣的情形下，在一定程度與範圍內，中國可以提出自己的規則與標準。

如何制訂並監察這些規則與標準，以幫助中國的發展呢？我認為可採取各種國際指數來評定，但要符合中國國情，不帶政治偏見並引導中國進入優質先進大國的目標。這些指數的採用有利於中國改善施政，及早解決中國工業的不平衡問題，對持續發展有利，如堅尼係數（Gini Coefficient）、環保標準。美國傳統基金會的自由指數，十多年來都把香港的自由指數評為第一，目的似是

以此來督促中國走向更自由，不單是經濟，也包括政治與社會方面。對此，中國當然要加以注意。全球管治系統，如聯合國系統（United Nations System），包括世界貿易組織（World Trade Organization）、世界銀行（World Bank Group）、國際貨幣基金組織（International Monetary Fund）、世界衛生組織（World Health Organization）所提出的指標與參數，都要積極考量與研究，並以持份負責的角色參與制訂。中國就曾參與制訂聯合國新千禧年人類發展目標，並以之為監察自己進步情況的指標。

中國當局相當關注基層民眾的生活狀況，有否實質性提高？提高了多少？近年，政府部門及大學等學術單位對經濟社會民生指標加大調研力度，應該掌握大量的確切資料。我看到的情況是，比較改革初期，近年維權事件增多，其中一個原因是可以通過相應法律，公開要求披露有關問題的情況和資料，這直接或間接鼓勵民眾的維權意識及對政府施政的要求。我認為國內民眾的維權意識不比香港低，政府部門訂立法律後就會宣傳，媒體如電視以及報刊也會予以介紹，同時也推動人民的維權意識，如很多電視節目介紹維權個案，進行維權教育。現在民眾都懂得拿法律作為爭取權益的根據，有很多退休的共產黨員與政府、軍隊、國企的幹部，就根據法律來跟當地政府爭議，而且滿勇敢的，可能本着自己是共產黨員的身份罷。經過當局的教育，人們對推動社會進步的積極性大大提高。

綜合力量的提升與回響

中國人口基數與經濟規模龐大，進步則是跨越式的，美日歐洲等先進國家當然會不適應而感到害怕。這不是意識形態問題，而是一個我們追趕過去落後二百年的結果，中國的技術有大突破，打破西方的壟斷，迫使全球市場適應中國的參與。至於俄羅斯，除軍工、航太、太空尚有競爭力外，其他大部份領域已經退出來。中國則在全面發力，沒有一個領域是缺席的。中國為甚麼發展得那麼快？有些研究者認為有以下因素：第一，過去四十年，美國對中國採取相對寬鬆的態度，有一個相對和平的環境，中國才有這樣的機會；第二，中國找對了自己的路，如鄧小平所講，發展才是硬道理。在這個過程中，中國社會與人民為此付出了犧牲與環境代價。

過去二三十年，中國買回來的技術都是天價的，因此才如此熱情地鼓勵科技創新、行業創新，以掌握自己的技術。全世界有五大產權局：歐洲專利局、日本特許廳、韓國特許廳、中國國家知識產權局和美國專利商標局。2014 年，五大產權局授與的專利發明共95.54 萬件，其中美國最多，有 30.1 萬件；其次是中國，有 23.3萬件，增幅最快，達到全球的 12.3%。美日韓歐洲的增速是：美國增長 88.2%，日本是負 18%，韓國增長 1.9%，歐洲是負 3.1%。這一局比賽中，美國領先，只有中國可以挑戰美國。

在科研人力的投入方面，根據中國的統計，中國投入 330 多萬人，這個數字已經超過美國。在深圳，2300 萬人裏，70% 是大學以上的學歷，其中許多科技人員。2014 年中國的研究發展經費支出是 13312 億元，比 2013 年增長 12.4%。據世界經濟研究的預測，中國研究發展的開支將會於 2019 年前後超過歐盟和美國，成為全世界投放最多的國家。

中國高速發展，結果是某些領域的技術已領先全球：第四代銀河系超級電腦、搜尋引擎、電子商務、社交媒體、智能手機。這些技術影響到政治和社會運作，因為銀河系超級電腦對存儲各種資料很有幫助，讓社會各方面做到統計準確，為市場、經濟、政治、社會管理、教育等方面的決策提供準確的計算基礎。科技的發展根本地推動社會的進步。

中國已經開始在高科技領域制訂標準。華為已經提出 5G 的電訊標準，全球要有中國標準，而不是美國標準，這與全球的導航系統中有 35 顆北斗衛星和中國太空科技的高成就有關。又如大飛機的製造，中國已經成功測試 190 座位的大飛機，打造自己的品牌。真空管道集體運輸系統，中國也在研發中。高鐵在不到十年已建成 20,000 多公里，且已向外輸出。

中國參加了歐洲國際熱核實驗反應堆核聚變計劃。中國其他尖端科技的研究包括中科院理化所研究員、清華大學教授劉靜所帶領的研

究團隊在研製液態機器人的金屬——鎵銦合金。團隊的目標是在2017年把液態金屬組裝起來,使其能夠站立,劉靜說:「就像類似於科幻電影裏面可變形的液態金屬機器,這是完全有可能的。」在醫療衛生方面,中國也有很大的進展。軍事醫學科學院生物工程研究所研發的治療基因型伊波拉病毒的藥物,醫好英國一個女兵和一名意大利護士。除此之外,量子通信衛星、深海科技設備、新能源開發等均處於世界領先位置,中國正以英國工業革命改變世界的規模改變着世界,正如英國的一位教授所說,千萬不要將中國二百年前忽略英國工業革命的教訓重現在英國,從而看不到中國科技革命對世界的影響。

在電商與社交軟件方面,中國的崛起尤其突出。我在上海看到一些學校宿舍門口都有一個很大的內有大小間隔的郵箱,中間安置一個大螢幕,是電商提供的。學生購買物品時,商店會通知學生取貨物的 code,全部通過電子系統購買、付款。現在城市街邊小販也使用二維碼做買賣,就算價錢是 1.5 元,用電子收銀器收了電子錢便轉入銀行。中國的電子資訊化已進入基層人民的生活。

在軍事領域,中國也在力爭上游。美國《商業內幕》網站於 2017年初借助著名的《全球火力指數》(GFP)排行榜,公佈一份名為《世界最強大的 35 支軍隊排行榜》的報告。排名世界前十的軍事大國依次為美國、俄羅斯、中國、印度、英國、法國、德國、土耳其、韓國和日本。多年來,美國、俄羅斯和中國穩居前三名。但若

講潛力，中國可能是首位。所謂潛力是，是指行動起來一句鐘可以做多少坦克車、有多少噸造船能力的船塢。從這方面看，中國已經擁有高於美國的軍事潛力，因為我們擁有世界上最全面最強大的工業產能。以一年生產戰機為例，中國的產量已經超過 28 個北約國家的總和。

俄國軍事報紙說，以造船為例，中國只要把造船產能的 1% 用於軍工生產，就能夠一年裝備一個艦隊、下水一個艦隊。2014 年中國的船舶製造企業有 735 家，其中可製造 10 萬噸級到 50 萬噸級的船塢有 20 座，30 萬噸級的有 30 座，50 萬噸級有 6 座，中國有全世界最大的造船能力。目前中國有 38 家船塢，長度超過 304.5 米，闊度超過 75 米。即使以美國福特級的航空母艦來計算，中國能製造福特級戰艦這樣長的船塢有 34 座。如果不考慮其他因素，中國造船業現在就可以同時建造三十多艘福特級航空母艦。美國現在能夠造出福特航母的船塢只有一間。

近年美國研發的新型武器，如超音速導彈、太空炸彈，中國會立即研發對應的設備，而且發展速度更快、成功率更高。比如高超音速導彈，中國已經成功發射試驗七次，美國則一半都沒有。其他武器，如中程反導、反衛星、鐳射武器，美國有，中國也有。這讓我想起戰國時的墨子勸說楚國不要打仗，他問楚國有甚麼武器攻城，也把自己的武器拿出來，雙方在沙盤上互相比試：你輸了，那就不用打了。現在的情況是，美國有一件，中國也有一件，大家就不要打。

軍事競爭比的是綜合實力，特別是對軍工具有直接影響的製造業。中國軍費支出佔製造業的 3.3%，而美國已經佔到製造業的 32.4%。相差十倍，為甚麼有那麼大的差別？主要因為軍費不同。美國目前的軍費支出已經到極限，而中國僅僅用了不到 GDP 的 1.5%，如果中國像美國一樣將軍費提高到佔 GDP 4% 的話，中國軍力會發展到甚麼地步？ 美國在全球的戰線拉得太長，每年花費幾千億美元的常備軍費，所以連在紐約地鐵裝個安全門也沒錢，經常出事故。難怪特朗普說，為甚麼我們要到世界其他地方花錢做警察？他對他委任的運輸部長趙小蘭說，你要把國家搞好，先做好交通運輸：鐵路、火車站、飛機場。中美兩國綜合力量的差距縮小，讓不按常理出牌的特朗普對對手的習近平也顯得謹慎與客氣。

此後的改革方向

2012 年，中共十八大描繪了全面建成小康社會、加快推進社會主義現代化的藍圖，發出向實現「兩個一百年」奮鬥目標進軍的號召。「兩個一百年」是屬於中國夢的具體化陳述之一。第一個一百年，到中共成立 100 年時（2021 年）全面建成小康社會的目標一定能實現。第二個一百年，到新中國成立 100 年時（2049 年）中華民族偉大復興的夢想一定能實現。

經濟改革後，接下來要進行政治體制的改革，至於改革的速度快

慢，要看國際地緣政治發展和經濟發展如何，尤其是要看美國的壓力與策略的運用。我相信越讓中國自己進步，效果會越好；越干預、越施壓越會有逆效果。世界局勢緩和，改革的速度會加快，因為中國人民本身要求改善的願望極大。相反，局勢緊張，改革會放緩，人民會支持，因為中國人受百年屈辱對外國干涉有反抗情緒。有人說這是從領導人角度來決定改革的速度，人民或許想快一點，這是見仁見智的問題。我讀歷史，三千年來中國的內部改革與周邊的政治氣氛有密切關係。可以這樣說，外部對中國壓力越大，中國的改革派與保守派爭吵越大；相反，世界時局寬鬆，兩派的爭吵會少一些。晚清受外國列強壓迫，會否使被罵為投降派的李鴻章更受內部指責，從而更難推動他的洋務運動的改革呢？

今後，中國在社會、政治體制、對外關係等方面還應當進行的改革。

一、社會文明。傳統文明的精華如何取捨和解說？中國社會的潛規則（沒有明文地寫出來的習慣）如何正確使用？普世的國際價值如何融入中國社會？這都關乎人民素質提高的問題，尤其是農村人口。人民素質提高需要物質的投入、制度建設的配合，比硬件建設需時更長。相信，中國會進一步瞭解國際標準，會不斷推動社會的現代化。有人問為何在世博中國人不排隊、不守規矩，該如何解決？我以香港的清潔運動為例，政府呼籲市民不要隨地吐痰，花了幾十年時間才有成效。要改善十幾億人的行為更不容易。排隊既是

供求不平衡問題，也是中國人百年來對政府條文沒有信心的反映。政治動亂，一切化為烏有，民眾因而不相信延續性，怕守規矩會吃虧。所以政府要維持社會經濟環境的穩定，在物質與制度方面讓人民產生信心，進而提升自身的素質，形成文明社會。當局也應鼓勵在慈善、教育、文化等方面的發展，打造和諧社會，進行文明範式的改變。

二、行政及政治體制。中國會改善垂直民主、精英民主、普及民主，並使三者結合；增加人民自主參與選拔制的有效性、制度性、透明度及數據化，具體的改革在人大、政協的產生方法、基層直接選舉、法律體制的相對獨立（不是西方民主國家的三權分立）。體制改革方面，軍隊的法律地位，即軍隊由誰來管的問題，是一個關鍵問題。中國憲法規定，全國的武裝力量由國家中央軍事委員會領導，而中央軍委主席對全國人大和其常務委員會負責。但中共也設有中央軍事委員會，並多由中央總書記出任。事實上，國家與黨的中央軍委是同一班子；況且，歷來是黨指揮槍，所以軍隊是由黨領導的。1989 年「六四」事件中，軍隊是由兼任黨與國家中央軍委主席的鄧小平（但他不是黨總書記）調動的。從中國歷史來看，我認為中共短期內不會把軍隊交給政府來掌握。讓人民參與政治有多種方式，不只投票一種。在基層，村官制、村民委員會是一種方式。在富裕的村莊，村民樂於參與；在窮困的村莊，則容易產生富人主宰的現象，因為他們可用錢收買選票。這是當局要處理的問題。

三、中央領導層產生方式改革。落實中央領導層產生方式的透明化、制度化、法律化，亦要推行經濟政治利益集團之間的博弈法律化、透明化，以增加施政的認受性。建國初期，中共可以按「潛憲法」（武裝成功建立革命政權，逐步向明憲法過渡）執政。建國幾十年後，急需民眾可見的具有認受性的規則，這是中國模式又一關鍵演化點。[79] 如果將來中央發生分歧，如何有一個法律性及制度性的處理機制，防止領袖獨斷弄權和派別鬥爭，避免類似「文革」及「六四」那樣的事情發生，避免黑箱政變？胡錦濤當政時開始推行中央政治局向全體中央委員報告工作，以及溫家寶落實總理與國務院工作會議（國務院的成員如部長，是全國人大通過委任的）都是方向性微調，指向民主決策程式的方向。

四、學術、思想自由和輿論監督。中國的知識界非常關心的不「以言治罪」的問題，需要司法獨立才有一定保證。而司法能否獨立，則需要解決黨的領導干預以及貪腐的問題。這涉及對黨、政、法不分現象的處理，這是中國演化方向又一關鍵所在。《國家中長期教育改革和發展規劃綱要（2010-2020年）》提出的戰略目標是：到2020年，基本實現教育現代化，基本形成學習型社會，進入人力資源強國行列。在綱要向全國徵求意見時，有建議派一萬個校長到外面去學習，其中七千人要派去美國（這應該會調整，因為美國的普及教育看來有大量負面經驗）。中國大學改革也在試行中。只有

---

[79] 強世功：《中國憲法中的不成文憲法──理解中國憲法的新視角》，收錄在潘維主編：《中國模式──解讀人民共和國的60年》，北京：中央編譯出版社，2009年版。

培育出下一代高素質的人才，才可以建立高素質的政府，社會才能大幅進步。中國也要加強民情、輿論對政府的監督與對它們的法律保障，具體的做法包括對上訪與維權行動的保護。

五、均富、公平與環保。中國要持續落實反貪防腐的制度與措施，解決社會中的潛規則問題，達成均富與公平的目標。均衡社會不同階層利益的稅收法規和其法律保障是解決貧富懸殊問題的重要手段。用不同的稅率控制房產交易，顯示中國政府開始使用法律而不是政策手段解決問題。具體的改革項目應包括依法處理國資、民營、外資企業。均富與公平對農民的福祉與農村的發展尤其重要。近年，雖然城鄉發展差距仍大，但在改善中，農民的權益受到法律保障，農民的醫保、社保已開始實施。有批評說對農民的各種保障低於城市人口，但農民在農村有土地、自己種植的糧食，城市人口則沒有這些條件。三千年來，農民有社會保障是千年未有之事，這是可喜的發展，值得大書特書。環保方面，中國政府曾經鼓勵發展綠色經濟，後來叫停，原因是大部份城市都在追求 GDP 增長以滿足人民生活要求。這關乎政績認受性，也涉及政經集團的博弈。日後條件成熟時，綠色經濟還是要發展的。

六、「一國兩制」之制度接軌和大陸與台灣。「一國兩制」的實踐如能有助於中國現代化，將是香港對國家的重要貢獻。香港過去百年對中國的發展，無論在經濟投資或是人才提供，都立下了功勞。接下來的政制問題，香港在這方面的嘗試，能否為大陸借鑒呢？香

港「小國寡民」的政治制度不容易搬到大洲規模的中國。雖然沒有人確切知道「五十年不變」的 2047 年限期時香港跟內地的關係如何，但對兩地的政制接軌的問題，亦應加以考慮。今天有相當多的意見認為不能取消香港立法會的功能組別，而應改革其產生方式，使之更加公平公正，相信是考慮未來接軌的問題 —— 立法會的直選組別接軌人大，其功能組別接軌政協，是一選項。如果香港採用普及民主，卻不能達成共識與內地社會同步向前，雙方關係過於僵持，將拖累香港自身的發展，也會對中國社會文明範式（社會公共秩序、透明廉潔政府、環保、衛生的社會環境、法治的清晰可見等）轉移，造成負面影響。台灣與大陸的互動也是影響中國之路發展的一個因素。台灣的經驗究竟對大陸有多大的參考價值呢？台灣的經驗是先發展經濟才發展民主，成就主要不是民主方面的，而是經濟上的。蔣介石穩定政權，到了蔣經國才發展經濟，最後才有民主。而今天是民主反過來影響台灣社會經濟的發展和與大陸的關係，這是值得探討的問題。公元前 221 年秦朝統一六國的經驗值得注意，李斯說它是「一統之戰，非滅國之戰」。我認為大陸先把法治、經濟、社會搞好，再「進軍」台灣。現今海峽兩岸不是誰勝誰負的問題，是兩岸人民的需要與福祉問題，其中還有美日等外國因素的考慮。一旦中國把自己國家的軟硬件都做好，使近者悅、遠者來，統一就會成為兩岸人民的願望，若台灣執政當局不是將統一距離不斷加大、分裂因素不斷加大，又何需計較統一達成的快慢？從人類大歷史來看，全球一體管治、全球民主管治是趨勢。21 世紀科技與生產力發展帶來的衝擊，人類要麼是有大智慧能萬種共存，要麼

是加快自毀。一切眼前的短時間爭論，一時解決不了，緩和些又如何？

七、外交。對中國來說，未來一段時期是重大機遇與挑戰並存。英國脫歐、特朗普當選美國總統，以至歐陸的一些極右政黨勢力上升，代表反全球化與民粹國族主義的擴大。這些發展可能意味着西方國家特別是美國，在全球事務的退縮，讓出多些空間給中國發揮；但美國等國的貿易保護主義，引起與中國更多的經貿摩擦。當然，潮流會變的，但西東方此消彼長應該是長期趨勢。在全球化中受益的中國隱隱然成為經濟全球化的旗手，國家主席習近平於2017年1月在瑞士達沃斯（Davos）舉行的世界經濟論壇年會上，把中國描述為一個負責任的、致力於推動國際一體化進程的全球公民。習近平在上台後不久的2013年即推出大手筆的「一帶一路」發展戰略，並以「人類命運共同體」的理念，打造新時期的國際大局。另方面，中國繼續推動與美國建立「新型大國關係」。習近平與特朗普在2017年4月的首次會談中強調，中國實事求是地評估雙方關係，同意化解分歧，打造共贏關係。看來，中國將繼續「韜光養晦」，在世界一些熱點，如敘利亞內戰，就不強出頭。但中國似乎也要「有所作為」，在地緣經濟與政治方面，除「一帶一路」外，還在推行「東南亞區域全面經貿夥伴協定」（RCEP），而在南海有爭議的地方加強事實存在（在控制的七個島嶼填海造陸）。中國在學習世界文明走向全球時，還是要把自身的軟硬件做好，然後把自己的傳統文化以新的姿態向世界展示。這方面人民外交是很重

要的，有助於把豐厚的中華文化帶出去。對於全球管治，中國要積極參與，爭取話語權，參與世界規則的制訂。以聯合國系統及其他全球性功能組織為中心，配搭各大跨國公司、銀行、非政府組織，組成全球管治系統。中國人要參與，則要把本國相關的機構、系統，如非政府組織發展起來。這個過程是需要時間的，如果條件達不到要求，只好放慢一點腳步，但並不代表不參與。

對動亂的應對能力

自從蘇聯解體、東歐社會主義國家變天，中國一直防範諸如顏色或花朵革命的發生。上世紀八九十年代，顏色或花朵革命開始發生在中亞、東歐獨聯體一些國家，其後向其他地區擴散。這類革命以一種特別的顏色或者花朵作為標誌，起初是以和平和非暴力方式進行政權變更運動，結果往往是以暴力造成政權更替（如利比亞的強人卡達菲被推翻，該國仍陷入內戰）以及動亂（如敘利亞，總統巴沙爾‧阿薩德雖然至今仍保有政權，但該國已陷入內戰）。參與者號稱擁護自由民主與普世價值，通過非暴力手段來抵制控制着他們國家的現政權。這類革命在格魯吉亞、烏克蘭和吉爾吉斯斯坦等幾個國家取得成功，推翻了原來的獨裁政權，建立了民選政府。部份中東國家雖然推翻了舊政權，但因世俗派與伊斯蘭原教旨派的爭鬥，未能建立有效的民主政府，局勢倍加混亂（如埃及）。

中國當局對顏色或花朵革命可能在中國發生，相當警惕與提防。但

中國與發生這些革命的國家在社會、政治、經濟，文化、歷史方面相當不同，我將分別敘述之。

一、中國人對求富求穩的追求。自文革與改革開放之後，中國人對生活、物質的追求，遠超對政治、意識形態、宗教的追求。民眾沒有統一的信仰，這一現象有其優缺點：社會物慾橫流、失序、道德低落，但卻沒有對政治、意識形態、宗教的狂熱追求。一般國人關心的是「經濟基礎」，其中貪腐、就業、住房、看病、通脹問題尤為顯著，而非民主、言論自由等「上層建築」。雖然社會民生方面還有很大的改善空間，但經過三十多年的經濟高速增長，政府基本上滿足人民對生活改善的期望。執政黨以民為本，重視民心、民情，也在努力地回應民意的需求，大多數普通民眾得到實質利益、可見的明顯的生活改善。十二五規劃強調「普及」及「加快」，希望將經濟發展帶來的利益加快普及到全民。政府將民生的各種訴求排入議事日程去解決，有效的管治疏導了民眾的許多不滿。中國民眾對顏色或花朵革命只是觀望，並沒有被其理想所吸引，中國沒有讓這些革命生長的土壤。中國政府的管治決心及效果明顯地能夠落實，正如哈佛大學福山教授所論述的那樣，中國是有目標、有管治能力的政府，正在進行有效管治。

二、中國不存在全國性組織的政治反對派，無法以其施政得到人民的支持。大陸有多種不同政見的民間組織，個別還受到國際或別國勢力的支援，但分散而不強大，不像在埃及的穆斯林兄弟會那樣集

中和強大。主要原因是在中國並未形成全國性的反政府運動，而當局對政治反對力量的壓制毫不手軟。習近平上台後，公民社會、互聯網進一步受到限制，不少異見人士、維權律師因煽動反對政府而依法受到拘捕。以革命起家的中共知道星星之火可以燎原，所以會防範於未然，全力制止全國性組織的政治反對派的出現。另方面，中國的民眾跟政府關係密切，政府政策一般能夠得到民眾回應，這跟美國、其他西方國家的情況不同。中國政府出台一個新政策或一個新舉措，民眾會有反應，如奧運、世博，人民比較配合。而當局對許多方面有政策指引、有規劃，如新農村建設、青年創業，還給予一定優惠政策。我機構有位同事的兒子從轄下的學校畢業後回去四川創立一物流公司，就得益於政府鼓勵西部大開發的政策。政府鼓勵年輕人創業，萬眾創業，支持小微企業，免去一些稅收，這有助經濟發展、就業問題的解決，受到人民的歡迎。

三、軍民共融。中國崛起一定是全方位的，經濟、政治、軍事方面都不能偏廢，要互相配合、配套。如果軍事太弱，就會被人牽制，中國就會強力反彈，造成天下大亂。因此，各方面的發展要達到一個平衡，要避免經濟發展時引起內憂外患，要體格健全，要有自衛能力。宋朝就是一個教訓。這個漢族組成的王朝經濟發達卻軍事弱小，最後被滅掉。這方面要以乾隆為標準，他認為內亂鎮壓不值一提，對外拓邊才是軍功。乾隆時的強大是全方位的，連出版業也佔當時全球一半以上。中國要保證百年內無內憂外患，就要進行制度的基礎建設，其中包括「民治」制度，要做到軍民共融。中國現

時的軍隊主要由漢族組成、軍事情報系統皆為共產黨統一領導。中國軍隊主體的陸軍多是漢族農民子弟（漢族人口佔全國人口的92%），這樣可以保護廣大漢族和農民的利益並得到他們的支持。軍隊、其他武裝力量以及情報部門全歸黨的統一、有力與細緻領導，黨對槍的絕對指揮保證軍隊不會落入政治反對派手中，使其無法進行反叛或動亂。不論西方世界如何指手畫腳，只要人民支持，中國就能堅持自己的制度自信及果斷施政。

四、中國社會制度提供對權力符合國情的約束。黨政部門指導的社會組織遍佈社會各個領域、層面，從全國、各省市到鄉鎮、街道，從學校、專業協會到企業、非政府組織，它們對黨政機構起到一定的約束與平衡，可紓解一些民怨，但卻不會對權力造成威脅。這些民間組織發展空間較小，不成規模，有些與外國有聯繫的非政府組織還受到當局的嚴密監視與限制。黨政部門也通過民間組織瞭解民情、民意，並予以調解與疏導。

五、中國運用強大的財政能力打造經濟上的均衡。中央政府由於有龐大的庫房收入，可「集中財力辦幾件保障和改善民生的大事」，對弱勢群體與落後地區，可進行支援與補貼。近年，政府在教育、社會保障、退休、廉價房、醫療衛生等項目上加大投放，也在「三農」問題（農業、農村、農民）加大改善力度。在區域經濟方面，當局在西部等落後地區引進優惠政策並擴大投資，各富裕省市對西部地區對口支援，均有實質效果。經濟上的均衡讓弱勢群體與落後地區不至於產生很大的怨忿，不會影響地方的穩定。

六、中國已建立有序的權力過渡。文革結束後，中共已沒有巨大的派別差異與爭鬥，並已建立領導班子有序接替的制度安排，歷屆的黨政替換都能如期完成。中國最近幾屆的領導人不像利比亞的卡達菲執政長達四十年、埃及的穆巴拉克在位三十年，中國領導人及其家屬沒有出現經證實的系統性貪腐情況，故在中國不存在人民對領導人的極大不滿。

七、中國受西方的文化價值影響相對較少。中國政府一方面在大眾傳媒與網絡上對西方的文化影響加以限制，另方面對有境外背景的機構（慈善基金、環保組織、教育團體等）也有法例與人事上的規範。當局對外國宗教在華的發展相當警惕，天主教在中國地方主教的委任要由政府提名才可由羅馬教廷任命，天主教與基督教的活動遭禁止時有所聞。不牽涉政治的佛教與道教受到政府較大的支持，起到平衡西方宗教影響的作用。另方面，由於中國為世界提供巨大的市場，加快了世界資本流動，方便了世界共享資源，故西方沒有很大的誘因擾亂而損害自己的利益。

八、中國為年輕人提供上浮的機制。高考、公務員考試及大學畢業生村官選派制度，可算繼承歷史上的科舉制度，給予中國年輕人上浮的機會。在這樣的機制下，不論家庭出身如何，每個人都可以通過自己的努力改變命運，也避免一些人因「壯志未酬」積聚怨忿而採取激烈手段，企圖改變社會制度。

九、中國各級領導有危機意識。中國政府與社會對自身與國際上的發展、問題與輿情（通過不斷學習與試錯），皆認知、敏感與掌握。中國各級政府對此也有決策與應對機制，不只是遏止，還有疏導的管道，如民眾的網上舉報，以及官員（包括總理）與民眾網上對話，以此接受民眾的各種制衡與監督。政府對公務員的管理力度與條文落實力度巨大，我在內地社會、市場、工作場所都體會得到。當局對民情、民意迅速與全面的掌握與反應，可避免民怨積累與爆發。

十、中國人口多、面積大，有迴旋空間。由於區域發展差異大，不同地區的民意不一，沒有形成統一的利益訴求，政府可以個別處理。沿海先富起來後，可以將過剩的資源或需要更新的設備、模式轉移到西部地區，幫助那裏發展。另方面，由於人口以漢族為大多數，則有利全國的穩定。

對國際憂慮的回應

國際社會，特別是西方，對中國發展道路（模式）是有憂慮的。

一、對模式存在的質疑：批判論學者質疑中國模式，認為中國還有如此多的缺點，經濟能否繼續成功、社會能否在這制度下發展與保持穩定存疑。

中國的回應是：承認自己弱點與有未完善之處，接受輿論及國際壓

力，使自己進步，不斷革新。中國模式的不斷開放吸納、完善及有效，將造福全球。描述今天的中國模式，並不是認為它已經完美或是終結，它只是一個在中國社會演化中的模式，其未來由中國及世界人民一起參與及發展。中國人在過去近百年的社會發展中，一定是做對的比做錯的多，才能積累今天的成就。各種世界調查比較資料已作出有力回應，客觀的世界政治經濟社會的觀察研究者一定要問：中國人做對了甚麼？

二、對全球民主進程的衝擊：末代港督彭定康在《外交月刊》的言論摘引說，中國模式對西方社會制度在全球的權威性及道德話語權產生影響以至制衡，會影響全球民主進程。

中國的回應是：去除冷戰妖魔化中國的對抗思維，去除西方民主自由的資本主義是完美制度、人類歷史的終結、世界唯一的普世價值的思維，而要建立互相學習理念，共同演化進步，共同找尋建立全球管治的均利模式，共用人類系統。尤其在 2017 年的國際形勢下，歐美政經制度已不再為世人一邊倒地推崇，都要有所調整。

三、對舊有的文明範式造成衝擊。

中國的回應是：中國模式產生在中國沒有對外進行戰爭、殖民掠奪和文化歧視的情況下，它有別於過去三百年在全球發動戰爭、殖民、進行文化歧視的情況下形成的西方範式。中國模式立足於深厚

悠久的中華文化傳統，向世界各國提供另一個範式參照，讓我們思考人類與地球其他物種的未來，如何共存、共建、共用地球。

四、對恢復朝貢制度的擔憂：中國會否恢復近代以前的朝貢制度以處理與鄰國的關係？

中國的回應是：中國不再有天朝大國與鄰國藩屬的關係，只會因地緣而推進密切的政治、經濟關係。中國遵從國際關係的原則與國際法，尤其小心處理與沿海周邊各國的關係，尋求和諧與資源共用，造福人民。中國對與其他國家一時未能解決的歷史問題與矛盾，會先擱置，留待日後解決。中國與菲律賓最近的關係是一個新案例，顯示各相關持份者應該並可以對話解決問題。

五、對美國全球地位的挑戰：中國會否替代美國的全球地位？美國的過分反應，會導致中美衝突，進而引發世界性衝突的可能。

中國的回應是：希望亨廷頓的「文明衝突論」不要變成「預期自我實現」。中美關係是強權利益衝突，還是文化適應的交融過程？是共存共用資源與解決矛盾分歧的過程，還是謀略互動的鬥爭引致失控的過程？中美的未來戰略博弈是個巨大變數。朝鮮半島博弈中的中、美、日、朝、韓的互動是方向標。特朗普上台後取消奧巴馬「亞洲再平衡」策略，並不意味美國「放棄」亞洲。他的「使美國再偉大」的理念、增加軍事開支的計劃、突襲敘利亞的行動，都使中美

存在對抗衝突的隱憂。中國希望能打造「新型大國關係」，管控彼此的分歧與矛盾，而美國方面的有識之士如基辛格說中美尋求方法照顧對方的最高目標，「北京共識」作者雷默曾提出「中美共同進化」，都有助於管理以至推進當今最重要的雙邊關係。

對全球的意義

中國發展道路具有全球意義，這與她的大洲規模有關，可從「一帶一路」倡議看出其端倪。這個倡議由習近平於 2103 年提出，目標是想建立一個利益共同體，背後的理念是人類命運共同體。作為一個中國人、人類主義者，我看到中國在全球推動一個系統工程，而且是在歐亞非大陸比較窮苦的國家中實施，我深為感動。通過「五通」（政策、設施、貿易、資金、民心），使沿綫國家與地區互聯互通，使到一些國家與地區從陸地封鎖變成陸地聯通，其中一個典型例子是東南亞小國老撾。中國和它共同出資，分別是 40% 和 60%，開闢老撾通往周邊國家的鐵路，從而走出地區，最終可以跨越亞歐大陸去到倫敦。這是對整個國家、民族的人道主義。

落實「一帶一路」這樣的超大計劃時，需要建立一個完善的管理機制。為此中國政府組織一個建設領導小組，由張高麗副總理做負責人，統籌發改委、外交部、商務部等，抓緊大願景、大設計，具體執行是發改委的西部開發司。另外設立一個資金保障系統，組織兩部五局來參與資金方面的調整和管理。同時，中國帶頭建立亞洲基

礎設施投資銀行（Asian Infrastructure Investment Bank，AIIB，簡稱「亞投行」），向亞洲各個國家和地區政府提供資金以支援基礎設施建設，促進亞洲區域內的互聯互通建設和經濟一體化進程。「一帶一路」與亞投行相互配合，推動國家的大戰略。

「一帶一路」有六大走廊：中、蒙、俄；新疆、中亞、歐洲，最終到倫敦；中國、中亞、西亞；中國、中南半島、東南亞（包括菲律賓、越南）；中國、巴基斯坦；中國、緬甸、印度、南亞。中國與周邊國家合作發展，建成命運共同體，用高鐵、高速公路、港口、航空，將沿綫國家地區連成一片，打造一個互相依存的大網絡。「一帶一路」計劃將推進標準化建設，沿線國家地區有那麼多不同的文化、宗教、生活習慣，看大家能否融合在同一標準下。現在中國的標準基本是追隨國際的。若交通、通訊等系統採用同一標準，將帶給旅客許多方便，也能促進地區之間的融合與發展。

中國另一大構想是全球電網計劃。中國提出把全球電網連結，覆蓋亞洲、歐洲、南北美洲、非洲，把全球的電能統籌調動配置，如夜晚有地方需要多用電時，電網就向它們輸送，白天不用那麼多電時，就向另一些地方輸送。達到這目標要形成一個能源互聯互通的穩定生態矩陣，計劃還要使用清潔能源，希望佔80%。

在21世紀科技發達的情況下，人類如稍有不慎，選擇武力解決紛爭，人類自毀的可能是存在的。不同冷兵器或小殺傷力武器時代，

現今武器的破壞力是極為恐怖、超乎想像的。全球人民要高度警惕政治與軍事人物解決紛爭的可能選項 —— 以和平發展抑或戰爭作為手段。[80]

中國道路（模式或方案）仍在進行當中，「西方制度是完美的」這個說法看來不能堅持下去了。《歷史的終結與最後之人》的作者美籍日裔學者法蘭西斯 · 福山，近年對他的自由民主是「人類政府的最後形式」的結論做了補充。他現時認為，自由民主之外還要着重國家的能力，並指出「任何政治制度都會面臨下滑趨勢」[81]，我們也不應假設中國道路是最好的，以及可以放諸四海，而是希望中國與其他國家一起學習，共同進步、演化，建立一個全人類共用的全球管治系統。人類今天面對的問題，不是單一國家甚至地區能解決的，需要各國共同參與，通過人類物種的相互關愛才可解決。

「全球治理」的議題已擺在世人面前。有學者建議聯合國逐漸實體化，組成「全球政府」，在反恐、軍備、核武器、外太空、能源、環保、全球福利、海洋、禁毒、打擊人口販賣這些全球性問題上統一行動，方有出路。如果加上幾千個大型的全球非政府組織輔助，則更有成效。在全球政府之下，設立「大地區政府」，如歐盟、東

---

[80] 美國前國家安全顧問、政府智囊布熱津斯基估計 20 世紀因共產主義運動造成的非正常死亡人數超過 5000 萬人，加上兩次世界大戰造成超過 8000 萬人死亡，20世紀人類因意識形態對抗和大國利益爭端導致的死亡人數最少超過 1 億 3000 萬。見〔美〕茲•布熱津斯基著：《大失敗 —— 二十世紀共產主義的興亡》，北京：軍事科學出版社 1989 年第 1 版，第 283 頁。

[81] 谷棣、謝戎彬主編：《我們誤判了中國 —— 西方政要智囊重構對華認知》 香港：中華書局，2015 年 5 月出版，第 54 頁。

亞、西亞、北美等。第三級政府才到現今的各國的政府。這三級政府組成全球治理的三層基本架構。在這樣的安排下，國家向全球管治的組織讓權，一如現時向世界貿易組織、世界衛生組織、世界銀行、國際貨幣基金組織等聯合國系統的組織讓權那樣。非政府組織種類繁多，目標不一，也互有衝突。這樣的全球架構，將面對各國個人主義者、絕對自由主義者、無政府主義者的問題。在互聯網時代，全球民眾可以參與及影響決策與政治程式，一方面是對全球治理的助力，另方面也是挑戰。

全球管治體系

各國 ——— 參加聯合國為成員共193個，多數參加地區聯盟為成員

地區聯盟 ——— 歐盟、亞太經合、金磚五國等

聯合國系統 ——— 大會＞安理會
世界貿易組織、世界衛生組織、世界銀行、國際貨幣基金組織等

全球非政府組織/跨國公司 ——— 紅十字會、國際特赦組織、樂施會、《財富》世界500強公司等

現存有四個政治實體具備治理大洲規模的國家或地區的經驗：美國、歐盟、中國、蘇聯。蘇聯已經瓦解，繼承的俄國有沒有大洲規模的治理能力成疑。歐盟經歷 2016 年的英國脫歐、2017 年多個成員國的民粹國族主義挑戰，未來如何仍待觀察。不過，歐盟讓諸

多民族國家通過和平協商手段達成龐大聯合體，實在是一個歷史創舉，是一個可供全球政府借鑒的範例。

美國聯邦雖然通過各個州的契約聯合起來，但亦經過獨立戰爭和南北戰爭的武力整合。美國的三權分立、政教分離的治理模式，可供全球治理借鑒。另外，美國至今仍然是在經濟、科技、軍事、軟文化方面最有實力的國家。美國近年的衰落吊詭的是它維持霸權的成本。馬雲在 2016 年接受美國媒體採訪時說，過去三十年，美國用電腦等高科技產品從全世界賺了無數的錢，但是它打十三場戰爭花費 14 萬億美元，2008 年金融危機又燒掉 19 萬億美元，結果弄成今日的狀況。但美國用在軍事、安全、對外援助等方面的錢，並不是白花的，都能增進它的全球影響力，許多國際規則其實是根據美國意志制訂的，很大程度服務於它的利益。馬雲說如果美國能把錢投放在中西部開發產業，而不是放在華爾街，結果會大不相同。特朗普提倡「美國優先」，先把美國建設好，但與他增加軍費的做法相違背。這個不太按章出牌的美國總統是否能履行他的競選承諾仍在觀察中，現時還不能說他不能讓美國再次強大。況且，美國有各種制度的保障，以及文化與民眾普遍的高素質，故在一段長時期內，它的綜合力量還是最強大的。

中國的統一模式是秦朝時以戰爭手段建立的，但背後其實有制度的支撐，此後歷代「分久必合，合久必分」，但以「合」為主。中國在兩千多年間積累豐富的通過中央集權實行有效管治的經驗。中國

亦有管治天下的經驗，春秋戰國時代的墨家和平主義「非攻」的理想與實踐、縱橫家的理論與經驗，可在當今派上用場。目前全球近兩百個國家，它們在經濟、文化、政治、民族組成等方面都很不同，且南北差距明顯，富國愈富，窮國愈窮。若能將聯合國實體化為全球政府，進行全球治理，中國的中央集權進行統籌的治理方法，值得參考和借鑒。

我在這裏不是鼓吹全球治理由中國來帶領，也不是要採取中國的模式，但中國可以在這關乎人類命運的領域作出貢獻，她的經驗肯定有參考價值。全球治理必然由大的持份者作主要承擔，以現狀來看，美中兩國是逃不掉的。《紐約時報》在 2017 年 4 月特朗普與習近平會面後的一篇社論中說，美國摒棄全球氣候變化的國際協定，取消跟亞洲經貿合作的協議（指有關跨太平洋戰略經濟夥伴關係 Trans-Pacific Strategic Economic Partnership），以及考慮削減對聯合國經費的捐獻，是把這些重要方面的領導地位讓給了中國，而中國正欲成為世界強權，並與美國爭一日長短。該社論認為，特朗普若在此疏離道路上走下去，對美國與世界都是災難。我不知道是否真會如此，但我確信中國道路產生的中國夢與美國夢不一定是對抗的、有你沒我的。為了全球人類的福祉，中美兩國必須合作，互相促進，把全球治理做好。或許，這是中國道路（模式或方案）最值得討論及有價值之處。

結束語

在結束本書時，我對目前全球狀況是審慎而略帶警惕的。從大自然歷史的寬度看，我不認為已能確證人類真是萬物之靈。人是自由能量流動速率最高的複雜個體，而人組成的社會更是耗能很多的複雜組織。[82] 按照物理學家的研究及統計，越複雜組織的系統耗能越多。在封閉體系中，稍一取向不慎，即會崩潰。越複雜的組織壽命越短，越易崩潰瓦解。不過，因為人壽有限（死亡即組織瓦解），我們不會以個人壽命與自然壽命來比較。但人類組織（社會）與宇宙及地球上的自然體系來比亦是短壽的，因耗能極多。眼前的 21 世紀，科技越發展自毀能力越強，而人類在道德、倫理、信仰等人文科學方面似乎趕不上科技發展，如外太空技術、生物科技、納米科技、資訊科技等。它們目前正以時、分、秒的速度在互相影響及演化，如此會使人類走向何方？確實目前無人知曉亦無從制止，有如一個小孩走入危險火藥倉玩火一樣。史蒂芬·霍金教授擔憂人類能否再持續二百年而不毀滅，他不是杞人之憂，現在是人的科技力的發展與人的聰靈人性競賽的時間，二百年內具更巨大自毀之力的技術出現完全可預見，但二百年內人類能否互愛而真成萬物之靈卻有疑問。一切看人類是否真能做出思想飛躍，做到仰望星空、撫覽大地、萬種同根、愛是源泉的靈性正確走向。

人類現在這一百年即整個 21 世紀的所作所為，對下一世紀具有決定性影響。按世界狀況年報指出，20 世紀末人類行為的危險有六大領域，飲用水、牧場、海洋魚類、森林、生物多樣性、全球大

---

[82] ［美］大衛·克利斯蒂安，《大歷史導編》，第 547 頁，及見該書表 4.1。

氣等問題，加上世界政治、經濟、社會的不公平導致的階級、族群、國家、地域對抗，而科技，尤其是大破壞力科技普及化及各種令人類自我演化的科技，如基因科技、納米科技、生物醫學科技，使得人類迅速長壽，而倫理等人文科學停滯、不相對應帶來的自毀危害，況且還有不可控制的外星撞擊、地球自然大變動（大規模火山如美國黃石公園的超巨大火山爆發、地殼變動等不可抗的自然力的破壞）。生而為人是超幸運的，但人也是脆弱的，這種脆弱是具體現實的，人壽相對短暫，但由於生物科技發展趨於長壽，只是自我認知追不上科技對人類社會的影響，不感切身危機而已。想想我們這一代人的玄孫生存的時期應在下一世紀初，我們這一兩代留下一個甚麼世界給他們？中國、印度是兩個人口壓倒性大國，制度、模式也在演化中，不少新派一代的社會學家、經濟學家、政治家對中國這個初上升的超大經濟實體寄以希望，祈待中國在各方面吸取過去幾百年，尤其上世紀先進國家的教訓，以前車為鑒，不再走老路，例如不追求高度物質發展，以持續發展、科學發展的新生活態度為原則，GDP 不是政績目標，平衡人民的各種利益才是正確方向。市場經濟不是只講生產力、生產規模、市場規模，還要講有綠色內容的利潤原則、管治體系、稅收體系，給市場經濟、資本取利賦予綠色及照顧弱勢的要求。雖不能寄望於第三、四波的資本主義能給人類以在大時空範圍的平均照顧人類福祉的責任，但最少五十年內人類社會系統還是可預測的，全世界在目前科技下的預測較有現實意義及指引人類的社會、政治、經濟、文化、教育範圍和方向，超過百年的預測只能是猜測。焦點是全人類要謙卑，要寬容地

球，一二百年內要有全球思想飛躍。我談中國之路不是為肯定威權主義，不是為肯定民族優越，不是為爭哪個模式是「冠軍」，只是想讓我們增加對中國的現在與過去的瞭解，從而讓中國人民、世界人民都能參與，使一個會影響今後一二百年的超大經濟、社會體系——中國——走上自己有持續發展，也讓全球有持續發展、共存、共用的模式。不要說太長時空，最少我們今天在世的人的玄孫那一代都尚有機會存活或存活得比我們合理、省能，還有一個讓物種共存的藍色地球空間。我以下列照片結束本書，1968 年 12 月攝於阿波羅 8 號太空船，從月球攝地球的照片；太空人威廉・安德斯在 1998 年一次採訪時說：「從月亮看地球，看到的各種景象，都導致人類，其政治領袖、環保領袖以及公民們認識到，我們真的擁擠在一個晶瑩透徹的小星球上，我們應當善待它，也應當善待自己，否則我們不能長久待在這裏。」[83]

[83]［美］大衛・克利斯蒂安，《大歷史導編》，第 504 頁。

附錄：近現代人物簡介

近二百年的中國歷史上，活躍其中的中國人及西方人中的先知先覺者、智者、有權勢者、革命者、實幹者、持不同觀點立場者，彼此互動、碰撞、對立，甚至互殘，但都對中國的現代化起到作用。名單太長，此處只提其中萬一，僅供參考。

林則徐（1785年－1850年），福建侯官人。19世紀早期，英國由於在對華貿易中逆差很多，遂將印度等地的鴉片輸入中國，嚴重危害中國的經濟和中國人的健康，引起清朝憂慮。1839年林則徐被道光皇帝任命為欽差大臣，赴廣東禁鴉片煙。抵廣州後，他令外國煙販限期交出鴉片，採取撤買辦工役、封鎖商館等措施，收繳英國躉船上的全部鴉片，6月3日起在虎門海灘銷煙。英國人不甘心失敗，遂發起第一次鴉片戰爭。戰爭以清朝失敗結束，林則徐被貶謫新疆伊犁，後又在雲南任職，1849年告老還鄉。在虎門禁煙前後，林則徐注意瞭解外國情況，組織翻譯西文書報，供制定對策、辦理交涉參考。所譯資料，先後輯有《四洲志》、《華事夷言》、《滑達爾各國律例》等，成為中國近代最早介紹西方的文獻。林則徐被後世譽為「睜眼看世界的第一人」。林則徐知道中國科技比不上西方，摒棄盲目自大的天下華夷思想，轉而學習西方，購買及仿造西方船隻、大炮、武器，開創先例。林則徐的思想不單對洋務運動，對日本的明治維新也有影響，對東亞歷史影響很大。

魏源（1794年－1857年），湖南邵陽人，著有《海國圖志》五十卷，《聖武記》，輯《皇朝經世文編》一百二十卷。1842年起，

他依據林則徐所輯的西方史地資料《四州志》，參考歷代史志、明以來《島志》及當時的夷圖夷語編成《海國圖志》五十卷，後經修訂、增補、到咸豐二年（1852年）成為百卷本。《海國圖志》是由中國人自己編寫的、介紹世界各國情況的第一部巨著，書中闡述了作者「師夷長技以制夷」的思想，主張學習國外先進的科學技術以抵禦外國侵略，使中國走上富強道路。書中詳細地介紹美國的民主政治，涉及到美國的聯邦制度、選舉制度、議會制度等。可以說，《海國圖志》涵蓋了當時西方國家的政治、經濟、軍事、歷史、地理、文化等方方面面的內容。《海國圖志》在日本被大量翻印，對明治維新影響很大。

徐繼畬（1795年－1873年），山西五台人，中國近代開眼看世界的先驅之一。《瀛寰志略》成書於道光二十九年（1849年），是徐繼畬根據自己在福建兩廣地區做地方官與西方人交往中獲取到的知識，編纂出的一本介紹世界各地風土人情的地理書。全書共十卷約十四萬字，按照亞洲、歐洲、非洲及美洲的順序介紹世界各國概況。《瀛寰志略》一書不僅僅滿足於對風土人情的介紹，對西方各國的政治體制也進行深入的介紹，從而含蓄地指出西方強於東方並不僅僅是因為兵器或科技的先進，更重要的則在於政治體制的優越性。由於本書的敘述客觀真實，突破以往中國士大夫對於中國以外地區的偏見，因此對後世的「洋務運動」以及「戊戌變法」都產生巨大影響，對於日本的「明治維新」也產生一定影響。

馮桂芬（1809 年－1874 年），江蘇吳縣人，林則徐門生，清朝著名思想家、散文家。咸豐三年（1853 年），他協助組織軍隊與太平軍對抗，參與李鴻章的湘軍以鎮壓太平天國運動，之後並協助李鴻章，以英美兵器經驗自創「淮軍」，提出「採西學、制洋器、籌國用、改科舉」的新思維，為自強運動的擁護者，著有《校邠廬抗議》（1861 年）。

李善蘭（1810 年－1882 年），浙江海寧人，中國近代數學家的先驅，清代數學史上的傑出代表。他曾獨立發明對數微積分，並在組合恒等式方面提出李善蘭恒等式，35 歲時刻印《方圓闡幽》、《弧矢啓秘》和《對數探源》三種數學著作，另撰有《則古昔齋算學十三種》及《考數根法》等。在 1852 年至 1866 年間，與偉烈亞力合譯《幾何原本》後九卷，完成明代利瑪竇、徐光啓未竟之業，又與偉烈亞力、韋廉臣、艾約瑟合譯《談天》、《代數學》、《代微積拾級》（美國伊萊亞斯·羅密士著）、《圓錐曲綫說》、《奈瑞數理》、《重學》、《植物學》等書，由墨海書館雕版刊行，對中國知識界有很大影響。在 1852 年至 1859 年間，譯書七八部，計七八十萬字，直接引進大量數學符號：＝、×、÷、＜、＞，而且他的翻譯工作具獨創性，創譯許多數學名詞：代數、常數、變數、已知數、函數、係數、指數、級數、單項式、多項式、微分、橫軸、縱軸、切綫、法綫、曲綫、漸近綫、相似等，其他學科如：植物、細胞等，這些譯名獨具匠心，自然貼切，其中許多譯名隨同他的譯著被引入日本，且沿用至今。

曾國藩（1811年－1872年），湖南長沙人，晚清重臣，湘軍的創立者和統帥者。太平天國攻入湖南後，曾國藩在家鄉建立團練，稱為「湘軍」。1854年曾國藩發表《討粵匪檄》，攻擊太平天國「舉中國數千年禮義人倫詩書典則，一旦掃地蕩盡。此豈獨我大清之奇變，乃開闢以來名教之奇變，我孔子、孟子之所痛哭於九原」，動員廣大儒生參與到對太平軍的鬥爭當中，為日後的勝利打下堅實基礎。曾國藩治理湘軍有一套嚴密的規定，使湘軍富於戰鬥力。當時清朝正規軍綠營已完全腐朽，根本不是太平天國的對手，全虧了曾國藩的「湘軍」，清朝才最終平定太平天國。此後曾國藩積極發起「洋務運動」，迎來「同治中興」局面。曾國藩本身是理學家，是繼王陽明之後在「內聖」「外王」上都齊備的儒家。

左宗棠（1812年－1885年），湖南湘陰人，少時屢試不第，轉而留意農事，遍讀群書，鑽研輿地、兵法，才華橫溢，引起林則徐等人的重視。太平天國興起後，左宗棠成為湘軍將領，積極鎮壓太平天國，後曾創辦福州馬尾船廠及船政學堂，成為洋務派首領之一。他1867年任陝甘總督，平定陝甘回民起義。當時中國西北內亂頻仍，英、俄虎視眈眈。1874年，日本入侵台灣。在這種局勢下，清廷內部爆發「海防」、「塞防」之爭。李鴻章等認為兩者「力難兼顧」，主張放棄塞防，將「停撤之餉，即勻作海防之餉」。左宗棠力表異議，指出西北「自撤藩籬，則我退寸而寇進尺」，尤其招致英、俄滲透。1874年開始，左宗棠指揮軍隊平定新疆內亂，收復新疆，在新疆進行一系列建設。1884年，法國艦隊在福州馬

尾發動突然襲擊，福建水師全軍覆沒，左宗棠奉命督辦福建軍務。同年 11 月抵福州後，他積極佈防，並組成「恪靖援台軍」東渡台灣，1885 年病故於福州。左宗棠著有《楚軍營制》（附條規），其奏稿、文牘等輯為《左文襄公全集》。

洪秀全（1814 年－1864 年），廣東花縣人。洪秀全是太平天國農民起義領袖，生於耕讀世家，在科舉考試中多次落選之後改信基督教的教義，創立「拜上帝教」並四處傳教，尊耶和華為天父，耶穌為天兄。1851 年洪秀全自稱天王，建太平天國，率領教眾在廣西金田起義。1853 年太平天國攻佔南京，改名天京並定都在此，其勢力範圍幾乎包括江西、浙江全境，安徽的大部份和江蘇、湖北的部份地區。1856 年太平天國發生「天京事變」，東王、北王與燕王數位功臣先後被誅，翼王石達開其後帶領大軍出走，脫離洪秀全指揮，自此太平天國開始走下坡。清朝以曾國藩訓練的湘軍為主力，在與太平天國的軍事鬥爭中逐漸佔據優勢，雖然在陳玉成和李秀成等後起之秀的支撐下，太平天國阻止了清軍的很多攻勢，但還是步步敗退。1861 年安慶失守，1862 年李鴻章攻江蘇南部，左宗棠攻浙江。1863 年底天京被包圍，1864 年洪秀全在多日以野草充饑後病逝，太平天國在他死後不久滅亡。

郭嵩燾（1818 年－1891 年），湖南湘陰人，1877 年起任清政府駐英公使，後兼任駐法公使。郭嵩燾將使英途中見聞寫成《使西紀程》，向清政府大力介紹外國先進的管理概念和政治措施，提出

效仿的建議。在駐英時期，他參觀各地的工廠學校和政府機構，使他的觀念產生根本變化，發出「西洋政教、製造，無不出於學」的驚呼。《使西紀程》寄回中國後，他希望總理衙門刊印，卻被滿朝士大夫誤解，要求將其撤職查辦。翰林院編修何金壽參劾他「有二心於英國，想對英國稱臣」等語，郭嵩燾被清廷申斥，書稿毀版，而後又遭到他的副手劉錫鴻的誣陷，於是郭嵩燾因病請辭，清政府同意他辭職後派曾紀澤接任。郭後來在家鄉鬱鬱終老。《使西紀程》對歐洲的政治、經濟、社會、教學作了詳細的記錄，並倡言清政府效仿實施。郭嵩燾日記有關《泰晤士報》等西方媒介的介紹，具有重要的新聞史料價值，對中國「戊戌變法」前後出現的辦報高潮也有鋪墊作用。

徐壽（1818 年－1884 年），江蘇無錫人，中國近代化學與機械專家，譯著有《化學鑒原》、《化學考質》、《西藝知新》、《化學求數》、《法律醫學》等，主要介紹西方近代化學。徐壽參與製造中國第一台蒸汽機和第一艘輪船；創辦翻譯館並參與主持翻譯西方科技書籍工作，並創造漢字命名化學元素；在上海參與創辦中國近代第一所教授科技的學校——格致書院，同時出版中國第一份科技方面的期刊《格致彙編》。

文祥（1818 年－1876 年），滿洲正紅旗人，清代晚期政治人物，自強運動的重要領導人之一。1845 年文祥中進士，後入工部做官，太平天國軍北伐時，被調至北京設立臨時的巡防處，1859 年升為

軍機大臣。英法聯軍之役，文祥協助桂良及奕訢與各國進行交涉，其後參與總理衙門的成立提案。文祥死前一直擔任軍機大臣和總理衙門大臣之職，被認為是一位勤勉正直的政治人物，為官清廉，個人生活樸素，晚年對於自強運動的推行及與西方的外交事務上扮演重要的角色。他在死前不久的光緒元年（1875 年）上《密陳大計疏》指出：「說者謂各國性近犬羊，未知政治，然其國中偶有動作，必由其國主付上議院議之，所謂謀及卿士也；付下議院議之，所謂謀及庶人也。議之可行則行，否則止，事事必合乎民情而後決然行之。」認為這樣的制度，清帝國「勢有難行，而義可採取」。這是中國最高領導層第一次議論吸取民主憲政制度的精神，改進本國的施政。

沈葆楨（1820 年 –1879 年），福建侯官人，林則徐之婿。1861年，曾國藩請他赴安慶大營，委以重用。1874 年，日本以琉球船民漂流到台灣被高山族人民誤殺為藉口，發動侵台戰爭，清廷聞訊後派遣時任福建船政大臣的沈葆楨緊急前往台灣籌辦防務。中日簽訂《北京專約》，日軍撤離台灣。1875 年，沈葆楨撤軍內渡，同年奉旨進京，升任江西總督兼南洋通商大臣，督辦南洋海防，擴充南洋水師，並參與經營輪船招商局。沈葆楨在福建創辦船政學堂，培養中國自己的海軍軍官，學習西方近代造船技術。其開辦有前後學堂，前學堂為「法語學堂」，開設有法語、基礎數學、解析幾何、微積分、物理、機械學、船體製造、蒸汽機製造等課程，優等生後被派往法國學習深造；後學堂為駕駛學堂，亦稱「英語學堂」，旨

在培養海上航行駕駛人員和海軍船長，主要專業為駕駛專業，之後增設輪機專業，下設英語、地理、航海天文、航海理論學等課程，學習優異者選送英國留學。以上學堂先後高薪聘請二十多位外籍教師專職任教或兼職授課，另有四十名左右的外國技術員、工匠，其數量之多、質量之高為洋務運動之最。將學生派往歐洲學習，掀起近代中國第一波「留學潮」。這些留學生回國後大多都調任北洋艦隊，他們中成為海軍將領的有劉步蟾、林泰曾、葉祖珪、薩鎮冰等。1894年中日甲午海戰中，中國海軍主力就是他們。留學生之一的嚴復更是成為近代著名的翻譯家和思想家。

洪仁玕（1822年－1864年），廣東花縣人，是太平天国天王洪秀全的族弟，曾在香港居住多年，亦在上海遊歷，與西方傳教士頗多交往，閱讀過大量當時傳教士撰寫的報刊和書籍，對西方的科技、制度、歷史、宗教都很瞭解。1859年他到天京（即南京）被洪秀全封為軍師、干王，一度總理朝政，但因天國內政紊亂，並沒有實權。1864年天京被清兵攻陷後，他在逃亡路上被清朝捕殺。洪仁玕是太平天國領導層中對西方見識最廣的一位，他撰寫的《資政新篇》主張全面發展資本主義經濟，在當時遠遠地超出普通儒士的見識。

李鴻章（1823年－1901年），安徽合肥人，清末重臣，洋務運動的主要倡導者之一，「淮軍」創始人和統帥。他早年鎮壓太平天國起義，後來發起和支持洋務運動，1870年官至直隸總督兼北洋

通商大臣，籌辦洋務。由於李鴻章的主持和參與，洋務派創辦了中國近代第一條鐵路、第一座鋼鐵廠、第一座機器製造廠、第一所近代化軍校、第一支近代化海軍艦隊等。曾國藩和李鴻章共同創辦安慶內軍械所，李鴻章創辦的江南製造總局、輪船招商局。日本吞併琉球和法國佔領越南後，李鴻章意識到列強的威脅來自海上，開始提出「海防論」，積極倡議建立近代化的海軍。同治十三年（1874年），李鴻章在海防大籌議中上奏，系統提出以定購鐵甲艦，組建北、東、南三洋艦隊的設想，並輔以沿海陸防，形成中國近代海防戰略。中法戰爭後，鑒於福建船政水師覆敗，清政府決定「大治水師」，於光緒十一年（1885年）成立海軍衙門，醇親王總理海軍事務，李鴻章為會辦。利用這個機會，北洋水師建設成軍。但是，清廷文恬武嬉，內耗叢生，戶部迭次以經費支絀為藉口，要求停止添船購炮，自此北洋海軍的建設陷於停頓、倒退的困境。在1894年中日甲午海戰後，北洋海軍全軍覆沒。李鴻章被迫代表清廷與日本簽定《馬關條約》，中國亡國滅種的危機進一步加深。李鴻章被解除要職。1896年李遊歷俄國、訪問德、荷、法、比、英、美、加諸國，由於是親身遊歷，他對西方社會制度產生由衷的讚嘆，並在演講中一再大聲疾呼：「五洲列國，變法者興，因循者殆。」李意識到中國遠遠落後於西方列強，在當時的形勢下，滿清能苟延殘喘六七十年已難能可貴。他形容自己是一個「裱糊匠」，勉強維持和支撐着中國的統一和完整。1901年李鴻章剛簽完《辛丑條約》兩個月後，又遇到俄國來勒索，李氣惱交加，嘔血不止，最終死亡。

陳啟源（1825 年 – 1905 年），廣東南海人，中國第一家機器繅絲廠的創辦人。陳啟源於清朝咸豐四年（1854 年）往暹羅等國，考察機器製造，準備創辦機器繅絲廠。陳啟源於同治十二年（1873 年）回國，在南海簡村辦起繼昌隆繅絲廠，由於機器繅絲擠佔當地手工業工人的就業機會，不久繼昌隆繅絲廠即被搗毀，被迫遷往澳門。繼昌隆繅絲廠是中國第一家近代民族資本工廠，標志中國民族資本主義的興起。

丁韙良（W. A. P. Martin，1827 年 – 1916 年），出生於美國印地安那州一個牧師之家，大學畢業後受長老會差派來華宣教。1850 年丁韙良抵達寧波，努力學習中文，寫成《天道溯源》一書，嘗試將儒家道德倫理與基督教思想融合，辯說兩者並行不悖，勸人相信耶穌。1862 年到北京，其所譯出的《萬國公法》深受恭親王等人的好評，有利於中國從傳統的朝貢體制轉向現代國際法和外交體制，在現代國際形勢下跟西方列強打交道，維護自己的利益。由此丁韙良開始與教學、翻譯、寫作、出版、外交等結下不解緣。他是當時少有的「中國通」，不但能說流利官話，更熟諳經史子集，書寫流暢而為士大夫所欣賞的中文，理所當然成為中西溝通的橋梁。他的譯作非常豐富，主要是將西方科學介紹到中國來，包括物理、化學、政治經濟學等。1869 年，丁韙良辭去長老會的職務，任同文館總教習。1898 年任京師大學堂（北京大學前身）首任西學總教習。丁韙良在華生活 62 年，著作等身，文筆雅致，主要著作有《北京之圍》、《花甲憶記》、《中國覺醒》、《漢學菁華》等。

王韜（1828年－1897年），江蘇蘇州人，近代思想家。1845年考取秀才，1849年應英國傳教士麥都士之邀，到上海墨海書館工作。1862年因化名黃畹上書太平天國被發現，清廷下令逮捕他，他在英國駐滬領事幫助下逃亡香港，應邀協助英華書院院長理雅各將十三經譯為英文。1867年至1868年漫遊法、英、蘇格蘭等國，對西方現代文明瞭解更深。1868年至1870年旅居蘇格蘭克拉克曼南郡的杜拉村，協助理雅各翻譯，1870年返香港。1874年在香港集資創辦《循環日報》，評論時政，提倡維新變法，影響很大。1879年，王韜應日本文人邀請，前往日本進行為期四個月的考察。王韜考察了東京、大阪、神戶、橫濱等城市，寫成《扶桑記遊》。王韜在1884年回到闊別二十多年的上海，次年任上海格致書院院長，直至去世。1894年王韜為孫中山修改《上李鴻章書》，並修書介紹李鴻章的幕友羅豐祿、徐秋畦等。王韜一生在哲學、教育、新聞、史學、文學等許多領域都有傑出成就，主要著作有《韜元文錄外編》、《韜元尺牘》、《西學原始考》、《淞濱瑣話》、《漫遊隨錄圖記》、《淞隱漫錄》等四十餘種。

容閎（1828年－1912年），廣東香山人，中國近代史上首位留學美國的學生，「中國留學生之父」。他七歲往澳門入讀馬禮遜紀念學校（Morrison School），1842年隨學校遷往香港繼續學業。1847年，其教師之一勃朗牧師返回美國，離開時帶同容閎、黃寬及黃勝三人前往美國留學。1850年容閎考入耶魯學院，為首名於耶魯學院就讀之中國人，1852年入籍美國。1854年容閎畢業後

返回中國，先後在廣州美國公使館、香港高等審判廳、上海海關等處任職。太平天國期間曾去南京與干王洪仁玕見面，提出數條改革建議。1870年，容閎倡議派幼童前往美國肄業之計劃，獲丁日昌、曾國藩、李鴻章的支持。1872年，120名幼童分批前往美國留學。然而1881年，留學之事出現變數，留美學生被迫返國，計劃雖未能完滿成功，但該批留學生對中國之現代化均有貢獻，當中最著名的為外交官唐紹儀、劉玉麟，中國鐵路之父詹天佑，香港政府香港行政局首任華人官守議員周壽臣等。容閎晚年支持孫中山革命，他在其《西學東漸》中對其生平及留學計劃有所記載。

翁同龢（1830年－1904年），江蘇常熟人，是同治帝和光緒帝的老師。中日甲午戰爭後，他促進維新變法，推薦康有為，擬定並頒發「戊戌變法」的綱領性文件《定國是詔》。1898年6月15日，戊戌變法前，慈禧太后強迫光緒帝將翁同龢罷職歸里，永不敍用。在長達二十年交往中，其老師身份對皇帝的政治思想產生深遠影響，在1889年光緒親政時，翁同龢即向皇帝呈上馮桂芬的《校邠廬抗議》，主張穩重務實的改革，強調西學的重要，不過其本身十分重視儒學的根本價值，在甲午戰爭後極力將和談責任推搪予李鴻章以免接觸外交事務可見一斑。

劉坤一（1830年－1902年），湖南新寧人，在平定太平天國中嶄露頭角，在曾國藩、左宗棠等去世後，和張之洞成為後期洋務運動的主導者。他早期作風保守，1875年任兩江總督，翌年晉升為

兩廣總督，1880 年擔任兩江總督兼南洋通商大臣，開始接觸及認識西方事務，並對洋務作有限度支持。他任職兩江總督時期，發展海運、支持江南製造局造艦並提議各兵工廠生產專門化。1890 年他複任兩江總督兼南洋通商大臣，1891 年又受命幫辦海軍軍務，1894 年中日甲午戰爭時被授予欽差大臣職銜，節制關內外各軍對日作戰。在中日戰爭時期對洋務的態度比之前更為積極，包括推動現代化政策如推動江南製造局自行煉鋼、提議在湖南開採煤礦及自行興辦鐵路，在 1895 年與張之洞聯名上奏倡議包括軍隊、經濟及教育現代化的改革，其後在 1901 年又與張之洞聯名上《江楚三折》，主張育才興學、整頓變通朝政、兼採西法以扭轉清朝江河日下的局面，開啓晚清改革的先聲。

唐廷樞（1832 年－1892 年），廣東香山人，10 歲入讀香港馬禮遜教會學堂，習得一口流利的英語口語。他 1851 年在港英政府內部擔任翻譯，1853 年升任香港巡理廳正翻譯，1856 年代理香港大審院華人正翻譯，1858 年出任上海海關高級翻譯。1863 年他加入怡和洋行，成為怡和洋行的總買辦，負責管理錢款、收購物資、開展航運、擴大市場等。在擔任怡和洋行總買辦期間，他開始嘗試附股外國在華企業。在正式加入怡和洋行的前一年，唐廷樞通過廣州緯經堂出版社出版書籍《英語集全》，該書使用粵語注音，主要涉及交際英語。該書後來被認為是中國第一部漢英詞典和英語教科書。1873 年，他應李鴻章邀請加入輪船招商局，使招商局一躍成為中國當時最大的輪船企業。1876 年，唐廷樞受李鴻章委

派，負責開平煤礦的籌備，1878年，開平煤礦以「官督商辦」的形式正式成立。為使開平煤礦所生產的煤炭能夠順利運送，唐廷樞於1881年主持修築唐胥鐵路。在1875年至1886年間，唐廷樞還創建、合併多間保險公司。唐廷樞創造中國近現代工業發展史的許多個第一，如中國第一個使用機器開採的大型煤礦，中國第一個實行股份制經營的企業等，主持修築中國第一條自建鐵路——唐胥鐵路。他被譽為「中國民族保險業之父」。

恭親王奕訢（1833年－1898年），道光帝六子，咸豐帝異母弟。他是咸豐、同治、光緒三朝的名王重臣，洋務運動的領導者，為中國近代工業創始和中國教育的進步作出貢獻。他是晚清新式外交的開拓者，建議並創辦中國第一個正式外交機關——總理各國事務衙門——使清朝外交開始步入正軌並打開新局面。他積極出謀獻策鎮壓太平天國起義，挽救清朝的危局，迎來「同治中興」。然而他命運坎坷，他支持慈禧太后北京政變，得委以重任的報答，但隨即而至的是慈禧太后的不安和打擊。後期他在統治集團內部浮浮沉沉，意志消沉，無所建樹。

慈禧（1835年－1908年），滿人，咸豐帝的西皇后，1861年咸豐帝病死後，她的五歲兒子成為皇帝，是為同治。她垂簾聽政，掌握清朝大權。前期在曾國藩、左宗棠、李鴻章幫助下平定太平天國、捻軍、回民起義，又支持洋務派開展洋務運動，一時出現「同治中興」的盛況。1874年其子同治病逝，慈禧立其侄即位，是為

光緒，他才四歲，慈禧再次垂簾聽政。1894 年中日甲午戰爭，中國戰敗後人心思變，維新派擁戴年輕的光緒帝搞維新運動，動作激烈，引起保守派反對，1898 年慈禧發動政變屠殺維新派幾位代表，將光緒帝軟禁起來。1900 年義和團鬧事，慈禧向西方列強「宣戰」，結果八國聯軍攻入北京，慈禧倉皇逃往西北。1901 年與列強訂立《北京條約》，次年回到北京。1904 年日俄戰爭日本戰勝俄國，中國國內認為君主立憲制優於君主專制，慈禧在壓力下宣佈準備立憲，1908 年頒佈《欽定憲法大綱》，但她年底就去世。她去世的前一天光緒帝也病死（多認為是她害死光緒）。死前她還立年僅三歲的溥儀為帝，即宣統帝。慈禧對於洋務運動是支持的，在諸如開辦火車、禁止女子纏足這樣的事上，也是現代的風格。但在挪用海軍軍費慶生日（是造成甲午戰爭海軍覆滅的原因之一，因為海軍沒有經費去購買更先進的艦艇）、維新運動、義和團事件、立憲不願放權的事情中，保持其守舊的思想，算得上一個新舊交替的過渡人物。

羅伯特・赫德（Robert Hart，1835 年－1911 年），英國人，曾擔任晚清海關總稅務司整整半個世紀（1861 年—1911 年），著有《中國論集》等。赫德作為一個英國人服務於中國海關，任總稅務司長達五十年之久。他恪盡職守，在任內創建稅收、統計、浚港、檢疫等一整套嚴格的海關管理制度，新建沿海港口的燈塔、氣象站，為北京政府開闢一個穩定的、有保障的、並逐漸增長的新的稅收來源，清除舊式衙門中普遍存在的腐敗現象。赫德主持的海關還創建中國的現代郵政系統。

劉銘傳（1836年－1896年），安徽合肥人，「淮軍」將領，早年參加「淮軍」鎮壓太平天國和捻軍的軍事行動。1884年至1885年中法戰爭期間，劉銘傳在台灣率軍擊敗法國海軍的侵略。1885年清廷將台灣從福建分離出來建立台灣省，劉銘傳任首任巡撫。到1891年為止，劉銘傳在台灣設立防禦措施，整理軍備，同時也在台灣開發和建立許多基礎設施。他督台期間，開通台灣鐵路，鋪設台灣與福建之間的第一條電纜，此外還建立電報局、煤務局、鐵路局、清賦總局等一系列管理機構，並設立西式學堂，為台灣近代化的先驅。中國近代史學者郭廷以說：「百年以來，中國朝野上下的有心人莫不以『近代化』自強相尚，才氣無雙的劉銘傳雖只是其中之一，但瞭解最深，持之最堅，赴之最力，成績最著，很少可與相比。他的表現即在台灣。」

張之洞（1837年－1909年）河北南皮人，洋務派代表人物之一，其在《勸學篇》中提出的「中學為體，西學為用」，是對洋務派和早期改良派基本綱領的一個總結和概括。毛澤東對其在推動中國民族工業發展方面所作的貢獻評價甚高，曾說「提起中國民族工業，重工業不能忘記張之洞」。張之洞與曾國藩、李鴻章、左宗棠並稱晚清「四大名臣」。

傅蘭雅（John Fryer，1839年－1928年），英國人，長期在江南製造局任翻譯，其理想在《江南製造總局翻譯西書事略》中清楚寫出：「惟冀中國能廣興格致，至中西一轍爾。故平生專習此業

而不他及。」他一生翻譯大量科學、技術書籍，以及一些社會科學著作，為科學在近代中國的傳播和發展做出重要貢獻。

鍾天緯（1840年－1900年），上海金山人，清代著名翻譯家，中國近代史上一個承上啓下的人物，致力於探討中西文化的差異和優劣，對「五四」新文化運動有很大影響。他同治十一年（1872年）入上海廣方言館學習，後任職山東機械局翻譯館，光緒六年（1880年）到歐州考察各國政治、經濟、文化等。他入江南製造局翻譯館，譯書數十種，包括與英國人傅蘭雅等人翻譯的許多英文科技著作，有《鑄錢說略》、《考工紀要》、《西國近事類編》、《工程致富》、《英美水師表》等。他著有《刖足集》，撰有《格致說》、《格致之學中西異同論》、《中西學術源流論》等，為國內最早進行中西文化比較研究者。

沈家本（1840年－1913年），浙江吳興人，清末法學家。他1883年中進士，留刑部補官，1893年任天津知府。他1901年至1911年歷任刑部侍郎、修訂法律大臣、大理院正卿、法部侍郎、管理京師法律學堂事務大臣等職，精心整理中國古代法律資料並加以整理考訂。他曾建議廢除淩遲、梟首、戮屍、緣坐、刺字、笞杖等酷刑，並且改革刑律，修訂《大清現行刑律》以取代《大清律例》，參照西方和日本刑法制訂具有民主性質的《大清新刑律》。他被譽為中國近代法制的開創者，中國近現代法學的奠基人，第一個為中國引進西方法律體系的法學泰斗。

張弼士（1841年－1916年），廣東潮州府大埔縣人，張裕葡萄酒創始人。他十六歲渡海到印尼的雅加達，曾當過幫工，開過商行，採過錫礦，成為當時海外華僑中首屈一指的巨富。他當時號稱「南洋首富」，資產高達八千萬兩白銀，而那時的清朝國庫年收入也才八千萬兩。其後他亦商亦官，先後任清廷駐檳榔嶼領事、新加坡總領事等職。他為盛宣懷招商引資而成為商家，在煙台創辦張裕葡萄酒公司，經過二十餘載的努力，1915年張裕葡萄酒在巴拿馬萬國博覽會上一舉獲得四項金獎。時至今日，張裕葡萄酒仍然是中國最著名的葡萄酒品牌。

鄭觀應（1842年－1921年），廣東香山人，鄭氏世居澳門，自幼受歐風薰陶，十六歲赴上海從商，耐苦自勵，公餘之暇入英華書院夜校，憤勉學習英文。後任寶順、太古洋行買辦，其間亦經營茶葉、鹽務等商業，並向洋務企業輪船招商局投資，逐漸由洋行買辦轉向洋務企業任職。始則以買辦身份兼上海電報局總辦，繼則脫離買辦生涯專門從事洋務事業的活動，他先後擔任過輪船招商局幫辦和總辦，上海機器織布局襄理和總辦，漢陽鐵廠總辦，粵漢鐵路購地局、工程局總辦，商辦粵漢鐵路公司總辦，和其他實業界的董事、委員等眾多職務，以及經營金屬礦、煤礦等，也曾出任廣西左江道篆一職。歷數十年的洋務實踐和宦海浮沉，鄭觀應逐漸形成一整套「富強救國」的思想。他是中國近代最早具有完整維新思想體系的理論家，揭開民主與科學序幕的啓蒙思想家，也是實業家、教育家、文學家、慈善家和熱忱的愛國者。鄭觀應一生「究心政治、

實業之學」，平生經驗鑄為不朽名句：「欲攘外，亟須自強；欲自強，必先致富；欲致富，必首振工商；欲振工商，必先講求學校、速立憲法、尊重道德、改良政治。」其所撰之《盛世危言》堪稱中國近代社會極具震撼力與影響力之巨著，甫問世即啓惕光緒皇帝，更喚醒千百萬仁人志士，深深影響數代偉人，如康有為、梁啓超、孫中山、毛澤東等，在中國近代史留下光輝一頁。

盛宣懷（1844年－1916年），江蘇常州人，清末企業家和福利事業家、官僚買辦。他1879年署天津河間兵備道，1884年赴粵辦理沙面事件，同年署天津海關道，1885年任招商局督辦。1886年，他任山東登萊青兵備道道台兼東海關監督。次年，在煙台獨資經營客貨海運，航運範圍不僅擴大到山東整個沿海，而且還開闢煙台至旅順的航綫。1891年春，他在煙台設立膠東第一廣仁堂慈善機構，次年，任直隸津海關道兼直隸津海關監督。1896年，他任鐵路公司督辦，接辦漢陽鐵廠、大冶鐵礦，奏設南洋公學於上海。其一生創造了中國的諸多第一，被後人譽為「中國商父」。他不僅是中國近代民族工業和洋務運動的開拓者與奠基人，更是中國近代工業史和洋務運動史的縮影。他所創造的「第一」中包括：1872年擬定中國第一個集商資商辦的《輪船招商章程》；1880年創建中國第一個電報局——天津電報局；1886年創辦中國第一個山東內河小火輪公司；19世紀70年代在湖北「勘礦」；1896年接辦漢陽鐵廠逐漸發展為真正稱得上鋼鐵聯合企業——漢冶萍煤鐵廠礦公司；1890年代後期修築中國第一條鐵路幹綫盧漢鐵路；1897

年建成中國第一家銀行——中國通商銀行；1895 年創辦中國第一所正規大學——北洋大學堂，1897 年在南洋公學首開師範班，這是中國第一所正規高等師範學堂；1902 年創辦中國勘礦總公司；1904 年在上海創辦紅十字會並於 1907 年被清政府任命為中國紅十字會首任會長；1910 年辦成私人的上海圖書館。

李提摩太（Timothy Richard，1845 年 – 1919 年），出生於南威爾士農民家庭，英國浸禮會傳教士，1870 年來到中國山東煙台、青州傳教。1876 年至 1879 年華北大旱，他從事賑災活動，在山西發放賑款，藉此與清政府高級官員結交。他向中國官紳宣講哥白尼天文學、化學、蒸汽機、電力等知識並作示範表演，1890 年應李鴻章之聘，在天津任《時報》主筆，次年到上海接替韋廉臣為廣學會總幹事。他與李鴻章、張之洞、曾國荃、左宗棠、康有為、梁啟超、孫中山等人有過接觸，張之洞曾撥款資助廣學會，梁啟超曾擔任過他的中文秘書。在甲午戰爭、戊戌變法、義和團運動時期，他積極活動於上層社會，多次建議清朝進行改革，聘請外國專家參加政府，企圖影響中國政局發展。他主持廣學會達二十五年之久，出版《萬國公報》等十幾種報刊，四十年間，出版兩千多種書籍和小冊子，成為中國規模最大的出版機構之一，對康有為、梁啟超等維新派有巨大影響。1902 年西太后因他協助處理山西教案有功，同意開辦山西大學堂，聘他為西學書齋總理。1916 年他辭去廣學會總幹事的職務回國，1919 年在倫敦逝世。

黃遵憲（1848 年－1905 年），晚清詩人、外交家、政治家、教育家，1877 年隨何如璋東渡出使日本，後又前往美國、英國、新加坡等地任外交官。駐外期間，他留心觀察所在國的事物，認為中國要革新自強，必須效法日本維新變法。他 1895 年出任湖南按察使，在巡撫陳寶箴的支持下宣傳維新變法。光緒二十四年（1898 年）八月，他被任命為出使日本大臣。「戊戌變法」失敗後，被清政府列為「從嚴懲辦」的維新亂黨，由於外國駐華公使等干預，清政府允許黃遵憲辭職還鄉。他撰寫《日本國志》，全書共四十卷，五十餘萬字，詳細論述日本變革的經過及其得失，藉以提出中國改革的主張。在文學上他主張「我手寫我口」，以白話文寫作，堪稱後來五四時期白話文運動的先驅之一。

嚴復（1854 年－1921 年），福建侯官人，1866 年考入福州船政學堂，學習英文及近代自然科學知識，五年後以優等成績畢業。1877 年到 1879 年他被公派到英國留學，其間對英國的社會政治發生興趣，涉獵大量資產階級政治學術理論，尤為贊賞達爾文的進化論觀點。1879 年畢業回國後，嚴復從海軍界轉入思想界，積極倡導西學的啟蒙教育，完成了著名的《天演論》的翻譯工作。他的譯著既區別於赫胥黎的原著，又不同於斯賓塞的普遍進化觀。在《天演論》中，嚴復以「物競天擇」、「適者生存」的生物進化理論闡發其救亡圖存的觀點，提倡鼓民力、開民智、新民德、自強自立、號召救亡圖存。譯文簡練，首倡「信、達、雅」的譯文標準。他的譯著還有亞當‧斯密的《原富》、斯賓塞的《群學肄言》、

孟德斯鳩的《法意》等，他第一次把西方的古典經濟學、政治學理論以及自然科學和哲學理論較為系統地引入中國，啟蒙與教育了一代國人。1912年袁世凱任命嚴復為北大校長，此時的嚴復中西文化比較觀走向成熟，開始進入自身反省階段，趨向對傳統文化的回歸，擔憂中國喪失本民族的「國種特性」而「失其本性未能有久存者也」。出於這種對中華民族前途與命的更深一層的憂慮，嚴復曾經試圖將北京大學的文科與經學合而為一，完全用來治舊學，「用以保持吾國四五千載聖聖相傳之綱紀倫理道德文章於不墜」。作為中國近代自由主義者，嚴復充分地認識到中國的國民性、國情、歷史情境，反對激進主義和冒進的政治行為，主張漸進的改良和改革，反對革命。

辜鴻銘（1857年－1928年），字湯生，中國近現代為數稀少的真正「學貫中西」的學者，號稱「清末怪傑」。他精通英文、法文、德文、拉丁文、希臘文、馬來文等九種語言，通曉文學、儒學、法學、工學與土木等文理各科。他創造性地翻譯了中國「四書」中的三部——《論語》、《中庸》和《大學》，並著有《中國的牛津運動》（原名《清流傳》）和《中國人的精神》（原名《春秋大義》）等書，向西方人宣揚中國的文化和精神，產生重大的影響，尤其是第一次世界大戰之後，西方知識份子意識到西方文明出現危機，因而到東方去尋找智慧之時。

康有為（1858年－1927年），廣東南海人，人稱「康南海」，

清光緒年間得中進士，授工部主事。他出身於官僚地主家庭，乃廣東望族，以理學傳家。他信奉孔子的儒家學說，並致力於將儒家學說改造為可以適應現代社會的國教。甲午戰爭中國被日本打敗後，他發起「公車上書」，呼籲光緒皇帝變法維新圖存，得到光緒重用，但是因方法不當引起保守派的反彈，不足百日的 1898 年「維新」失敗，譚嗣同等六君子被殺。康有為逃往日本，後在歐美逃亡與遊歷多年，直到 1913 年始回國，回國後即與其學生陳煥章等人掀起力圖將孔教定為國教的運動，但亦失敗。他晚年成為保皇黨，曾擁戴溥儀復辟，主要著作有《新學偽經考》、《孔子改制考》、《大同書》等。

袁世凱（1859 年 –1916 年），河南項城人，早年投靠「淮軍」，彈壓朝鮮內亂，總督朝鮮十年，有力防止日本和俄國對朝鮮的滲透與侵略企圖；中日甲午戰爭後撤回國內，在天津小站訓練現代化軍隊。1898 年光緒帝維新時，據說袁投靠慈禧太后，出賣維新派（關於此歷史學家有爭議）。1900 年義和團鬧事期間，袁世凱主政山東，參加了「東南互保」，山東未亂。《辛丑條約》簽訂後，清政府迫於內外形勢，施行新政，袁世凱表示極力擁護，於 1901 年在山東創建山東大學堂。1902 年，袁世凱在保定編練北洋軍，至 1905 年北洋六鎮編練成軍，每鎮一萬二千五百餘人。在此期間，他在發展北洋工礦企業、修築鐵路、創辦巡警、整頓地方政權及開辦新式學堂等方面，都頗有成效。袁世凱大力襄贊新政，包括廢科舉、督辦新軍、建學校、辦工業等，第一支中國警察隊伍亦於天津

成立，也籌劃修建了中國第一條自主建造的鐵路——京張鐵路。袁世凱北洋集團的崛起引起清朝皇族的警惕，將其調離北洋。1908年慈禧、光緒死後，更將其官職解除，袁只好回老家「賦閑」。1911年辛亥革命後，中華民國成立，經南北議和，袁世凱就任首任（正式）大總統。1916年初他恢復帝制，名洪憲皇帝（「宏揚憲法」之意）。稱帝斷了各路軍閥當權的夢想，前雲南都督蔡鍔領導護國軍誓師北上討袁，袁世凱為避免國家分裂，於3月22日宣佈取消帝制，至6月6日鬱憤而病死。

鮑咸恩（1861年－1910年）、鮑咸昌（1864年－1929年），近代印刷出版業人物。1897年，二鮑與高翰卿創立商務印書館，鮑咸昌負責印刷事務。商務印書館秉承「倡明教育，開啓民智」之宗旨，為中國現代出版業巨擘，在上百年的漫長歲月中，對中國現代的文化與教育事業產生巨大而深遠的影響，其「世界名著譯叢」將西方古今各個學科的數千種名著譯為中文，即使放在世界範圍內看也是超大規模的翻譯運動。

詹天佑（1861年－1919年），中國首位鐵路工程師，負責修建京張鐵路等工程，有「中國鐵路之父」、「中國近代工程之父」之稱。1872年，他考入容閎開辦的幼童出洋預備班，1878年以優異成績進入耶魯大學，修讀土木工程鐵路專業，1881年畢業後回國，1890年負責修築天津至山海關津榆鐵路，擔任京津、萍醴等鐵路建設。1902年，他以四個月時間及低廉的成本建成來往河

北新城的高碑店至易縣新易鐵路，這是首條由中國人自行修建的鐵路。袁世凱在 1905 年決定不用外國資金，亦不使用外國人，全部由中國自行修建京張鐵路，詹天佑被任為總工程師，之後更兼任鐵路總辦。詹天佑修建京張鐵路，在開鑿居庸關和八達嶺兩個隧道時，將地勢陡峭險峻、坡度大的八達嶺設計成「人」字路線，使列車順利行駛，此舉成為鐵路建設一大創舉。京張鐵路於 1909 年建成後，他曾負責興建粵漢及川漢鐵路，發起成立「中華工程師學會」，民國成立後被政府委任為交通部技監。詹天佑修建京張鐵路時，釐定各種鐵路工程標準，中國現在仍然使用的 4 尺 8 寸半標準軌、鄭氏自動掛鉤（Janney Coupler）等等都出自詹天佑的提議。詹天佑亦重視鐵路人才培訓，制定工程師升轉章程，對工程人員的考核和要求作出明文規定，並定明工程師薪酬與考核成績掛鉤。

譚嗣同（1865 年 –1898 年），湖南瀏陽人，清末百日維新著名人物，維新四公子之一。他主張中國要強盛，只有發展民族工商業，學習西方政治制度。他曾遊歷天津、湖南、湖北等地，1896年底抵南京，閉戶養心讀書，成《仁學》2 卷。1897 年，協助湖南巡撫陳寶箴等人設立時務學堂，籌辦內河輪船、開礦、修築鐵路等新政。1898 年，他創建南學會、主辦《湘報》，積極宣傳變法，成為維新運動的激進派。同年 4 月，得翰林院侍讀學士徐致靖推薦，被徵召入京，授四品卿銜軍機章京，與林旭、楊銳等人參與新政，時號「軍機四卿」。他公開提出廢科舉、興學校、開礦藏、修

鐵路、辦工廠、改官制等變法維新的主張，寫文章抨擊清政府的賣國投降政策。1898 年「戊戌變法」後宮中後黨密謀政變，光緒帝傳密詔康有為等設法相救，譚嗣同前往法華寺爭取袁世凱支援，不料袁世凱表面應承卻暗中告密。變法失敗後，有友人勸譚嗣同逃亡日本，他回答：「各國變法，無不從流血而成。今中國未聞有因變法而流血者，此國之所以不昌也。有之，請自嗣同始！」1898 年 9 月 28 日，譚嗣同在北京宣武門外的菜市口刑場就義，同時被害的維新人士還有林旭、楊深秀、劉光第、楊銳、康廣仁，六人並稱「戊戌六君子」。

孫中山（1866 年 –1925 年），廣東香山人，青少年時曾在美國檀香山及香港大學醫學院學習，因目睹滿清之愚昧落後，有改造中國之心。他早年曾上書李鴻章，提出改革建議，但被拒絕，於是 1894 年在檀香山創建興中會，並提出「驅逐韃虜，恢復中國，創立合眾政府」的口號，計劃以「振興中華」為目標，以排滿思想為其革命事業鋪路。次年他在香港聯絡一幫同志，成立興中會總會，與會者皆以「驅除韃虜，恢復中華，建立民國，平均地權」為誓詞，在國內發動一系列起義。1905 年，在日本人內田良平的牽綫下，結合孫中山的「興中會」、黃興與宋教仁等人的「華興會」、蔡元培與吳敬恒等人的「愛國學社」、張繼的「青年會」等組織，在日本東京成立「中國同盟會」。孫中山被推為同盟會總理，再度將「驅除韃虜，恢復中華，建立民國，平均地權」確定為革命政綱，並將「華興會」機關刊物《二十世紀之支那》改組成為《民報》。他在

發刊詞首次提出「三民主義」學說，即「民族、民權、民生」，與梁啓超、康有為等改良派激烈論戰，繼而編定「同盟會革命方略」，正式宣示進行國民革命，舉所誓之四綱，力圖創立「中華民國」，並定「軍法之治，約法之治、憲法之治」三程式。1911 年 10 月 10 日（農曆八月十九日）的武昌起義，革命才取得第一次成功，武漢當日光復，各省同志紛紛響應。由於孫中山的威望，1912 年元旦他被起義者推選為新成立的中華民國首任總統，後因革命派力量薄弱，讓位給袁世凱。1912 年 8 月，同盟會聯合其他黨派改組成立國民黨，孫中山被推舉為理事長。1913 年 3 月，袁世凱指使特務暗殺國民黨領袖宋教仁，孫中山遂發動「二次革命」。1914 年 7 月在日本組織中華革命黨，同年 9 月在廣州召開國會非常會議，組織護法軍政府，孫中山當選為陸海軍大元帥，但革命失敗。1919 年 10 月，孫中山將中華革命黨改組為中國國民黨，並發表所著《孫文學說》、《建國方略》。1921 年 4 月，他在廣州重組軍政府，任非常大總統。1922 年 6 月，陳炯明武裝叛變，孫中山被迫退居上海，至 1923 年 2 月陳炯明被驅逐後，才回到廣州重建大元帥府，就職大元帥。1924 年 1 月，中國國民黨在廣州召開第一次全國代表大會，發表改組國民黨宣言；確定「聯俄、聯共、扶助農工」的三大政策；通過新黨綱、新黨章，把舊三民主義重新解釋為新三民主義；將中國國民黨改組為包含工人、農民、小資產階級和民族資產階級的革命聯盟，從而實現第一次國共合作。是年 11 月，應馮玉祥電請北上「討論國是」。1925 年 3 月 12 日，因肝病在北京不幸病逝，終年 59 歲。臨終前在遺囑中指出「革命尚

未成功」，「必須喚起民眾，及聯合世界上以平等待我之民族，共同奮鬥」。1940 年，國民政府通令全國，尊稱其為「中華民國國父」。1929 年 6 月 1 日，根據其生前遺願，將陵墓永久遷葬於南京紫金山中山陵。

蔡元培（1868 年－1940 年），浙江紹興人，早年參加反清革命，曾遊學日本、德國和法國，對德國的教育理念深為服膺。民國成立後，蔡元培成為首任教育總長，1916 年至 1927 年任北京大學校長，任北京大學校長時，採取「囊括大典，網羅眾家，思想自由，相容並包」的辦學方針，改革北大領導體制和學科、學制設置，創辦科研機構，倡導平民教育，首行男女同校。他採取的方針，大量引進新人物，不拘一格招聘眾家，北大很快即開學術研究、思想自由之風氣。他還支持日益興盛的新文化運動，提倡白話文，贊成文學革命，反對封建復古主義，倡導以科學和民主為內容的新思潮。他的努力終使北大成為「五四」時期新文化運動的中心。由於延聘和支持李大釗、陳獨秀、魯迅，辜鴻銘等人任教講學，使北大不僅成為全國重要的學術研究中心，而且由於這些教授代表的不同思想而使北大成為新文化運動搖籃。1927 年他倡議成立大學院作為全國最高學術教育行政機關，被任命為大學院院長，後改任中央研究院院長。九·一八事變後，他奔走呼號，倡導抗日。1928 年他於杭州西子湖畔創立國立藝術院（即現中國美術學院），提倡民權與女權，倡導自由思想，致力革除「讀書為官」的舊俗，開科學研究風氣，重視公民道德教育及附帶的世界觀、人生觀、美學教育。

受德國啓蒙主義者影響，他提出「以美育代宗教」，在現代思想史上有重要影響。

章炳麟（1869 年－1936 年），又名章太炎，浙江余杭人，近代民主革命家、學者、書法家、語言文字學家、思想家，散文家。他富於民族思想，先後擔任《時務》、《昌言》等報編輯，並創愛國學社，鼓吹革命，後因發表《駁康有為論革命書》和《革命軍序》，以及參與《蘇報》案被捕入獄。1905 年出獄後，他東渡日本，參加同盟會，主持《民報》。辛亥革命後，他參加孫中山的軍政府，因反對袁世凱稱帝而被幽禁。辛亥革命後，他日漸脫離政治，退居書齋，專意治學。在學術上，他涉獵甚廣，經學、哲學、文學、語言學，文字學、音韻學、邏輯學等方面都有深湛造詣。他一生著述頗豐，被尊為經學大師，文字古奧難懂，主要著作有後人編輯《章氏叢書》、《章氏叢書續編》、《章氏叢書三編》、《章太炎全集》等。

謝纘泰（1872 年－1938 年），生於澳洲悉尼，1887 年隨家人到香港，就讀中央書院（皇仁書院前身）。他中英文俱佳，畢業後於香港政府工務局內任文員近十年，後為洋行買辦、經理。1890年，他與楊衢雲等人在香港組成輔仁文社，以開通民智，討論時局為宗旨，主張推翻滿清，建立合眾政府，1895 年把輔仁文社與興中會合併，成立興中會香港總會，楊衢雲被推舉為會長，孫中山任職秘書。1895 年興中會第一篇對外宣言便是由謝纘泰執筆，以

英文寫成並發表在英文報章之內。1898 年他繪製「東亞時局形勢圖」，指中國面臨瓜分，於中外報章上刊登，在有志革命者之間傳閱，是中國近代最初的政治漫畫之一。1899 年他在一名英國朋友協助下，設計及製造飛船「中國號」並試飛成功。1902 年他與英國人 Alfred Cunningham、A G Ward 合資創辦「南清早報」，即現在香港《南華早報》之前身，身兼編輯，在報上經常鼓吹革命。民國建立以後他退出政壇，1938 年於香港病逝，主要著作有1924 年以英文寫成的《中華民國革命秘史》。

梁啓超（1873 年 – 1929 年），廣東新會人，著名的啓蒙思想家、史學家和文學家，戊戌變法（百日維新）領袖之一。他曾倡導文體改良的「詩界革命」和「小說界革命」，其著作合編為《飲冰室合集》。1895 年《馬關條約》簽訂後，他與康有為等人聯合各省舉人發起「公車上書」，後主筆於《萬國公報》，宣傳變法維新，協助康有為創辦「強學會」，並擔任廣學會總幹事英國傳教士李提摩太的中文秘書。1896 年他離京抵滬，與黃遵憲等籌辦《時務報》，並任總撰述，汪康年任總經理。他撰寫《變法通義》等書並在《時務報》上連續發表，影響巨大。1897 年應湖南巡撫陳寶箴之邀，他赴長沙任時務學堂總教習，在湖南宣傳開民智、伸民權。1898年「百日維新」開始後，光緒皇帝於 7 月 3 日召見梁啓超，命呈《變法通議》，授六品卿銜，令辦理京師大學堂、譯書局事務。1898年 9 月 21 日，戊戌政變發生，梁啓超得日本公使林權助相救，逃亡日本。1912 年 1 月 1 日，孫中山在南京宣告中華民國成立。同

年 9 月 28 日，梁啓超離開日本返回中國，結束流亡生活。據考證，梁啓超最早提出「中華民族」這一概念，被認為是近代中國民族主義的奠基人之一。同時梁啓超也是中國近現代史上學貫中西的大師級人物，在諸多領域都有非凡的思想及學術貢獻。梁啓超不僅是中國近代歷史上的改革家，同時也是新聞史上重要人物，對中國早期報刊政論文有巨大貢獻。他從事報刊活動二十七年，一生創辦領導報刊十七種，被譽為「言論界之驕子」，創時務文體，中國早期新聞學者戈公振在《新聞學撮要》中評價：「我國報館之崛起，一切思想的發達，皆由先生啓其端。」梁啟超認為報刊的功能是：「去塞求通」，其兩大天職是「監督政府」、「嚮導國民」。其辦報四大原則：「宗旨定而高」、「思想新而正」、「材料富而正」、「報道確而速」。健全輿論五本：常識、真誠、直道、公心、節制；宣傳藝術：浸潤法、煽情法。他晚年任教於清華大學國學研究院，為著名的「四大導師」（梁啓超、王國維、陳寅恪、趙元任）之首。從對新學與舊學的瞭解，視野的廣闊及思想的恢宏來說，梁啓超可說是百年中國第一人。

陳嘉庚（1874 年－1961 年），福建同安人，早年繼承家族企業，到新加坡經商，以經營橡膠業發達。他積極支援祖國，先後支持過孫中山、抗日戰爭及中華人民共和國。在近代史上，他主要以辦教育著名。早在 1913 年，他就在家鄉同安集美創辦小學，1918 年又創辦師範學校，並設立中學，附設男女小學和幼兒園。隨着企業的興旺發展，他又繼續在集美開辦水產航海學校、商業學校、農林

學校、幼兒師範等，同時設立科學館、圖書館和醫院等，使集美成為系統完整的學村。陳嘉庚捐資辦學的高峰是在 1921 年，投資100 萬元創辦廈門大學，所有辦學費用由他一人承擔，包括大學的經營費用 300 萬元，也由他分 12 年支付。對於廈門大學，他付出滿腔的心血，從聘請校長和教員，到校舍的選址設計施工，都四處奔走，嘔心瀝血，使廈門大學成為當時中國國內的知名高校。在新加坡，陳嘉庚對華僑子女的教育也非常熱心，1919 年創辦規模宏大的「新加坡南洋華僑中學」，現名華僑中學（新加坡），是當時南洋地區華僑的最高學府。抗日戰爭結束後，他又創辦水產航海學校、南僑師範和南僑女中等學校。當時有教會請陳嘉庚捐款 10 萬元創辦一所大學，陳嘉庚慨然答應，但提出要以兼設中文課程為條件。陳嘉庚一生所捐獻的教育經費，總值在 1000 萬元以上，相當於他擁有的全部不動產。有人估計，如果他在當時買黃金，現在的價值已達到 1 億美元左右。陳嘉庚在給集美學校的一封信中這樣寫道：「教育不振則實業不興，國民之生計日絀，……言念及此，良可悲也。吾國今處列強肘腋之下，成敗存亡，千鈞一髮，自非急起力追，難逃天演之淘汰。鄙人所以奔走海外，茹苦含辛數十年，身家性命之利害得失，舉不足攖吾念，獨於興學一事，不惜犧牲金錢，竭殫心力而為之，終日孜孜無敢逸豫者，正為此耳。」這封信充分說明他對於中國教育和崛起的深遠見解。

秋瑾（1875 年 –1907 年），浙江山陰人，生於福建廈門。1904年到日本留學，次年回國省親，6 月由徐錫麟介紹加入光復會。7

月 15 日她再次東渡日本，8 月經馮自由介紹在黃興寓所加入由孫中山等創立才半個月的中國同盟會。1906 年 2 月，因抗議日本文部省於上年 11 月 2 日頒發的《清國留日學生取締規則》而回國，9 月在上海組織銳進學社。她於 1907 年 1 月在上海創辦《中國女報》，3 月回紹興，與徐錫麟等創辦明道女子學堂，不久又主持大通學堂（1905 年徐錫麟等創辦，後作為紹興光復會總機關）體育專修科，並任學堂督辦。她從當年春天開始籌資準備於 7 月由金華起義，呼應徐錫麟在安慶起義。同年 7 月 1 日至 4 日，武義、金華、永康等地先後發生光復軍起義，均失敗，7 月 6 日徐錫麟在安慶刺殺安徽巡撫恩銘，被捕後被殺，安慶起義遂告失敗。徐錫麟弟徐偉供詞牽連秋瑾，但秋瑾拒絕離開紹興，認為「革命要流血才會成功」。7 月 14 日下午 4 時在大通學堂被捕，15 日淩晨三四時於紹興古軒亭口被處以斬刑。時論認為，對一個並未取得口供且是婦孺之輩的秋瑾處以斬刑，太過嚴厲，即使是當時不同情革命的守舊派也無法認同官府的行為。秋案之後，官方曾通緝數十人，後迫於輿論未再追究（只二人被勒捐錢）。秋瑾被殺也導致官方開始打壓限制女校。秋瑾通過辦報、辦學對中國近代婦女思想解放作出貢獻。

陳獨秀（1879 年 – 1942 年），安徽懷寧人，為新文化運動的發起人和旗幟、中國文化啟蒙運動的先驅、「五四」運動的總司令、中國共產黨的創始人及首任總書記、中共一大至五大的最高領袖。他早年參加反清活動，1915 年創辦《新青年》雜誌，提倡文學革命，打出「科學」、「民主」的旗號。「五四」運動後他成為最早

的馬克思主義者並擔任中共總書記，因受到史達林控制的共產國際牽制和壓制，而與托洛茨基關係密切，但後來亦脫離託派圈子，在窮愁潦倒中對整個共產主義運動的思想理念做了反思，回到英美民主思想主流。其晚年著作與早年著作一樣，都有非常高的思想史價值。陳獨秀一生都在探索真理的路上，被胡適稱為「終生反對派」，代表作有《獨秀文存》等。

魯迅（1881 年 – 1936 年），浙江紹興人，原名周樹人。他早年留學日本，新文化運動前後寫了不少小說和散文，代表作有《阿 Q 正傳》、《野草》等，晚年寫了不少雜文，批評當時的政治，尤其深入揭露和重新審視中國傳統文化的「陰暗面」。魯迅的思想批判很有深度和力度，跟當年法國啓蒙主義者（如伏爾泰）批判自身的文明相似。毛澤東把魯迅推崇為新文化的「聖人」，但魯迅的思想帶有複雜性，沒有被某種意識形態或黨派所限制，自有其鋒芒。魯迅的思想引起自由主義者、保守主義者和左派等各種不同思想傾向的人們的爭議，直到今天仍然如此。他的作品收入《魯迅全集》。

汪兆銘（1883 年 – 1944 年），字季新，筆名精衛，歷史上多以「汪精衛」稱呼，出生於廣東三水（現屬佛山市），祖籍浙江山陰（今紹興縣）。他青年時代加入孫文的革命組織，成為孫文的得力助手。辛亥革命前一年，因謀刺大清帝國攝政王載灃失敗被下獄，其慷慨從容的氣節得到革命志士的敬仰，後在肅親王善耆斡旋下改判終生監禁，翌年辛亥革命成功後獲釋。汪兆銘曾立志革命成功後

不當官、不當議員，因此與妻子陳璧君赴法國留學，但不久即應孫文之召返國討袁和護法。汪兆銘因在革命黨內地位崇高，之後數度出任領導要職，歷任國民政府常務委員會主席、軍事委員會主席、行政院長、國防最高會議副主席、中國國民黨副總裁等，直到中日戰爭初期仍是蔣中正最主要的政敵之一。日本侵華戰爭時期，汪兆銘宣稱主張「和平救國」的路綫，與日本合作，出任日本在南京組建的「中華民國國民政府」。抗戰勝利後，國民政府與後來的中華人民共和國政府都不遺餘力地對他在政治、教育各方面加以批判，直至今日，汪兆銘就等於漢奸的印象仍深植人心。

黃遠生（1885 年－1915 年），原名黃為基，筆名遠生，江西九江人，中國新聞通訊的奠基人。他的新聞通訊寫作很有特點：一是題材重大，記載翔實；二是針砭時弊，憂國憂民；三是細緻詳盡，幽隱畢達；四是通俗自然，不拘一格。他在新聞思想方面也有不少獨到的見解，提出「四能」說：腦筋能想，腿腳能走，耳能聽，手能寫。

熊十力（1885 年－1968 年），湖北黃岡人，現代新儒家開創者之一，代表作有《新唯識論》、《原儒》、《體用論》、《明心篇》等，主要觀點為「良知即呈現」。他是新儒家哲學中「心學」的代表人物，對牟宗三等人有重大影響。

蔣介石（1887 年－1975 年），浙江奉化人，國民黨當政時期的

黨、政、軍主要領導人。他 1908 年留學日本並加入同盟會，追隨
孫中山，1924 年回國後任黃埔軍校校長，後兼任國民革命軍第一
軍軍長。蔣介石 1927 年發動「四一二政變」，導致第一次國共合
作破裂。蔣介石從形式上統一了中國，但仍無法消除各地軍閥割據
的局面。1927 年至 1937 年是蔣介石領導下的中國現代化的黃金
時期。「西安事變」後他接受抗日主張，成為抗日戰爭的主力，在
正面戰場上國民黨軍隊傷亡慘重。抗日戰爭勝利後，在軍事上佔有
絕對優勢的情況下，他被共產黨發動的「三大戰役」擊敗，1949
年敗退台灣。在台灣歷任「總統」及國民黨總裁，1975 年 4 月 5
日於台北去世。

張季鸞（1888 年 – 1941 年），中國新聞家、政論家，陝西榆林人。
他早年曾因反袁世凱入獄，1926 年任天津《大公報》總編輯兼副
總經理，負責評論工作。他提出著名的「四不方針」（「不黨、不賣、
不私、不盲」），追求不受黨派與私利支配的獨立辦報的現代新聞
理念。在辦報實踐中，他始終堅持「不偏不倚」、客觀公正的立場，
去世後國共兩黨對其貢獻都給予高度評價。

太虛大師（1889 年 – 1947 年），俗姓呂，學名沛林，生於浙江
海寧，近代中國佛教改革派先驅之一。1911 年他提出佛教革命三
大主張，主張在教理、教制、教產方面革新，使佛教適應現代社會，
使佛教由傳統的「出世」變成「入世」，成為「人生佛教」。他創
辦新式刊物《海潮音》，成立武昌佛學院、閩南佛學院、漢藏教理

院等現代佛學院，對僧人進行現代教育，培養諸多人才。其現代化思想為大陸的趙朴初、台灣的印順法師等人所繼承。

陶行知（1891年－1946年），徽州歙縣人，1915年入哥倫比亞大學教育學院，受到杜威「教育即生活，學校即社會」的教育理念影響。1917年回國後，他曾任南京高等師範學校教務主任，繼任中華教育改進社總幹事，先後創辦曉莊學校、生活教育社、山海工學團、育才學校和社會大學。他提出「生活即教育」、「社會即學校」、「教學做合一」三大主張，生活教育理論是陶行知教育思想的理論核心，著作有《中國教育改造》、《古廟敲鐘錄》、《齋夫自由談》、《行知書信》、《行知詩歌集》。

胡適（1891年－1962年），安徽績溪縣人，1910年赴美國留學，1915年入哥倫比亞大學研究院，師從杜威並接受杜威的實用主義哲學。1917年他回國任北京大學教授，在《新青年》上發表《文學改良芻議》，主張以白話文代替文言文，提出寫文章「不作無病之呻吟」、「須言之有物」等主張，為新文學形式作出初步設想。他撰文反對封建主義，宣傳個性自由、民主和科學，成為新文化運動的領袖之一，「五四」時期與李大釗等人展開「問題與主義」辯論。他陪同來華講學的杜威，任杜威的翻譯逾兩年。他與張君勱等展開「科玄論戰」，是當時「科學派」丁文江的後台。後胡適曾任中國駐美大使，晚年在美國生活。胡適是中國現代自由主義的代表人物，在思想史上有非常重要的影響。

毛澤東（1893 年 – 1976 年），生於湖南湘潭縣韶山。他 1921 年參加中國共產黨的成立大會，1930 年代摸索有中國特色的通往共產主義革命道路，提出「農村包圍城市」、「遊擊戰」等戰略思想，在抗日戰爭複雜的國際與國內政治格局中，發展壯大共產黨的勢力，並最終於 1949 年擊敗國民黨，結束中國近代以來的軍閥割據的分裂局面，重新統一中國，締造中華人民共和國。從 1949 年到 1976 年逝世，毛澤東一直控制着國家權力，是共和國的最高領導人。在如何建設一個現代化國家的探索過程中，毛澤東犯下一系列嚴重錯誤。1958 年開始他發起的「大躍進」、「人民公社」，適逢三年自然災害，導致大量平民餓死。晚年他發動的「文化大革命」（1966 年 – 1976 年），使國家陷入全面混亂與停滯。1960 年代他與蘇聯決裂，1972 年與美國建交，聯美制蘇，使世界共產主義運動形勢發生重大改變，也使全球「冷戰」格局發生重大改變。不管對他的評價如何，毛澤東都堪稱 20 世紀對中國影響最大的人物，也是世界上最有影響的中國人之一。他對馬列主義的發展、軍事理論的貢獻以及他對共產黨的理論貢獻被稱為毛澤東思想。

梁漱溟（1893 年 – 1988 年），廣西桂林人，生於北京，現代新儒家早期代表人物之一，有「中國最後一位儒家」之稱。1920 年代初他發表轟動一時的《東西文化及其哲學》，把人類文化劃分為西洋、印度和中國三種類型。中國文化以孔子為代表，以儒家學說為根本，以倫理為本位，它是人類文化的理想歸宿，比西洋文化要

來得「高妙」。他認定「世界未來的文化就是中國文化復興」，只有以儒家思想為基本價值取向的生活，才能使人們嘗到「人生的真味」。在《中國文化要義》中他斷定中國是一個「職業分途」、「倫理本位」的社會，缺乏「階級的分野」，因此反對階級鬥爭理論，認為應該通過恢復「法制禮俗」來鞏固社會秩序，並「以農業引導工業的民族復興」。受泰州學派影響，他在中國發起鄉村建設運動，並取得可以借鑒的經驗。他著有《鄉村建設理論》、《人心與人生》等。1949年後，因為他的思想與官方意識形態不合，受到毛澤東等人的批判，但他仍然堅持自己的主張，保持儒家知識份子的氣節。

馮友蘭（1895年－1990年），河南南陽人，現代新儒家代表哲學家之一。1924年他獲哥倫比亞大學博士學位，回國後主要任教於清華大學及北京大學哲學系。1939年到1946年馮友蘭出版「貞元六書」：《新理學》、《新世訓》、《新事論》、《新原人》、《新原道》、《新知言》，創立新理學思想體系，成為當時中國影響最大的哲學家。新中國成立後，迫於當時意識形態壓力，馮友蘭放棄其新理學體系，開始以馬克思主義為指導研究中國哲學史。「文革」結束後，馮又重新開始反思，著有七卷本的《中國哲學史新編》等書。

劉少奇（1898年－1969年），湖南寧鄉人，中國共產黨和中華人民共和國的主要領導人之一，中共政治家和理論家。他曾擔任中

共中央書記處書記、中央人民政府副主席、全國人大常委會委員長、中共中央副主席、中華人民共和國主席等職務。劉少奇早年曾領導安源路礦工人大罷工、五卅運動等工人學生運動，並組建中共中央北方局，擴大中國共產黨在華北、華南地區的影響力。「皖南事變」後，他參與重組新四軍。中華人民共和國成立後，劉少奇主持土地改革運動，並曾組織七千人大會，領導中央經濟改革，試圖扭轉國家形勢，但未能成功。他在文化大革命期間被批鬥、迫害致死，1980 年中共中央為劉少奇全面平反並恢復其一切名譽。1939 年至 1941 年間，劉少奇作《論共產黨員的修養》等著名演講，其中提到共產黨員要「慎獨」，在個人獨立工作、無人監督的時候也能夠不做任何壞事，並且引用孔孟的名言，借用儒家的「修身」之說。在 1945 年的中國共產黨第七次全國代表大會上，劉少奇作《關於修改黨章的報告》，報告論述中國共產黨的特點和性質、指導思想、中國革命的特點、群眾路綫、民主集中制等一系列重大理論原則問題，其中對毛澤東思想作了中共歷史上的第一次系統論述，將「毛澤東思想」明確寫入黨章，並提出要「以馬克思列寧主義的理論與中國革命實踐相結合的毛澤東思想作為全黨一切工作的指導方針」。建國初期劉少奇曾在不同場合多次提出「剝削有功論」，此論在後來的文化大革命中成為他被攻擊的把柄，最終他被迫害致死。然而，歷史的循環驗證了劉少奇的見識，改革開放後雖然在意識形態上採取擱置爭議的處理方法，但事實上就是引入部份私有制和資本主義，以「剝削」換經濟增長，劉少奇的路綫事實上成為中國實行的政策。

周恩來（1898 年 – 1976 年），字翔宇，中國共產黨、中華人民共和國和中國人民解放軍的主要締造者和領導人之一，自 1949 年起任中華人民共和國國務院總理直至 1976 年逝世。他 1949 年至 1958 年間兼任外交部部長，歷任中共中央副主席、中共中央軍委副主席、中國人民政治協商會議全國委員會主席等黨、政、軍重要職務。1917 年至 1919 年，周恩來赴日本明治法律學校（後來的明治大學）學習，南開大學成立後他回到國內繼續學習。「五四」運動和以後一段時間裏周恩來一直是學生運動的領導人，最後被學校開除。1920 年 11 月 7 日，周恩來乘船赴法國勤工儉學，分別在法國、英國、德國柏林大學考察學習，並在巴黎結識也是勤工儉學之四川人鄧小平，成為終生好友及革命夥伴。但是這段相似的經歷帶給二人的卻是不同的路綫，周恩來遊走於留學派和本土派之間，雖然很早就投身於共產主義運動並成為領導人之一，但在共產黨內始終沒有成為真正的領袖；而毛澤東、鄧小平則沿着馬克思主義中國化和後來的中國特色社會主義這條路一直走下去，從中國實際出發領導革命鬥爭和經濟建設，因此他們既是馬克思主義本土化的理論家，又是中國共產黨的領導人，而周恩來則更接近於領袖的副手和執行者的角色。當然，他在中國內政外交的大管家這一角色上為國家作出大量的貢獻，正所謂「謀事在毛，成事在周」。美國歷史學家唐德剛讚賞周恩來為「近代中國的兩個半外交家」之一（另外「一個」是李鴻章、「半個」是顧維鈞）。

鄧小平（1904 年 – 1997 年），原名鄧先聖，四川廣安人，1920

年夏赴法國勤工儉學，1922年參加中國社會主義青年團，1924年轉為中國共產黨黨員。他於1926年初到蘇聯學習，次年回國後領導百色起義，後參加紅軍長征，國共內戰中與劉伯承一起領導淮海戰役並順利進軍西南。1949年後他長期擔任副總理，主管經濟方面工作，「文革」時曾被剝奪領導職務並受到批鬥，「文革」結束後成為中國共產黨第二代領導核心。他是中國改革開放和現代化建設的總設計師，創立鄧小平理論。他是一個務實主義者，摒棄毛澤東時代的意識形態鬥爭，以實踐效果來檢驗真理，他的「貓論」和「摸論」即是這種務實主義的形象表達。他所倡導的「改革開放」及「一國兩制」政策理念，改變20世紀後期的中國，也影響世界。可以說，沒有鄧小平就沒有今日之中國。

牟宗三（1909年－1995年），山東棲霞人，1927年入北京大學預科，兩年後升入哲學系，1933年畢業後曾在多所大學任教，以講授邏輯學和西方哲學為主。1949年先去台灣後到香港，是「港台新儒家」最主要代表之一。牟宗三較多地着力於哲學理論方面的專門研究，謀求儒家哲學與康得哲學的融通，並力圖重建儒家的「道德的形上學」，代表作有《佛性與般若》、《才性與玄理》、《心體與性體》、《圓善論》等。牟宗三早年受熊十力影響很大，繼承儒家哲學中「心學」一派並發揚光大，其思辨水準代表着近現代中國哲學的頂峰。

唐君毅（1909年－1978年），生於四川宜賓，現代新儒家代表人物之一。他畢業於中央大學哲學系，受過梁啓超、梁漱溟、熊十力影響，曾在多所大學任教，1949年後在香港發展。唐君毅的代表作是《生命存在與心靈境界》（1977年）是其超驗唯心主義心路歷程的最後歸宿，對人類文化的類型與境界作了總結性的思考。

蔣經國（1910年－1988年），生於浙江奉化，蔣介石長子。1925年10月，蔣經國赴蘇聯留學，加入蘇共，1937年回國。1945年春天，蔣經國跟宋子文赴蘇聯談判，簽訂《中蘇友好同盟條約》，1949年退往台灣，曾任行政院長。他任內推動十大建設，台灣經濟發展迅速，成為「亞洲四小龍」之一。他還在行政方面進行十項革新。蔣介石病逝後，蔣經國就任民國第六任「總統」。蔣經國大量啟用台灣本省籍官員，推行「本土化政策」。他晚年逐步開始民主改革，解除「戒嚴」、開放黨禁和報禁，實行「民意機構改革」，開啓台灣政治民主化之路。蔣經國堅持「一個中國」，反對「台獨」。1987年11月宣佈開放部份人士赴大陸探親，結束近四十年兩岸同胞不相往來的局面。蔣經國著有《我的生活》、《我的父親》、《負重致遠》、《蔣經國先生言論著述彙編》等書。

殷海光（1919年－1969年），湖北黃岡人，1949年赴台，曾任台灣大學教授，台灣自由主義的開山人物與啓蒙大師。他以科學

方法、個人主義、民主啟蒙精神為準繩，批判黨化教育、反攻大陸問題等時政，為台灣第一代自由主義代表之一。他深受羅素、波普和海耶克的影響，一生著述甚多，其中最具影響的是翻譯海耶克的《通向奴役之路》以及德貝吾的《西方之未來》，著有《中國文化的展望》上下兩冊，《政治與社會》上下兩冊，《殷海光全集》十八冊等。

李登輝（1923 年 – 至今），台灣政治人物、農業經濟學家，新北市三芝人，曾任台灣領導人（1988 年 –2000 年）。1943 年 9 月，李登輝畢業於台北高等學校，同年 10 月，他進入日本京都帝國大學農業經濟系就讀。1946 年李登輝回到台灣，轉學進入國立台灣大學農業經濟系就讀，並於 1949 年畢業，在此期間李登輝深受馬克思主義思想影響，有他曾於 1946 年加入台灣共產黨並在一年後退黨之說。1952 年，李登輝獲得獎學金首次赴美，一年後於愛荷華州立大學取得碩士學位，同年自美返回台灣。1965 年，李登輝再次獲得獎學金，前往康乃爾大學攻讀博士，並於 1968 年取得農業經濟學博士學位。1971 年 8 月李登輝經人介紹認識蔣經國並備受賞識，同年 10 月李登輝加入國民黨。1988 年 1 月 13 日，蔣經國逝世，李登輝繼任成為台灣領導人。1996 年，李登輝與連戰搭檔，以 54% 的得票率贏得中華民國第九任總統職位，他是首位由公民直選產生和第一位出生在台灣本土的領袖。2000 年民進黨的陳水扁以「相對多數」當選中華民國第十任總統，卸任的李登輝實現「在任內和平轉移政權」的理念。由於國民黨大選失利，李

登輝被懷疑暗中支持對手陳水扁，2001 年 9 月 21 日中國國民黨撤銷其黨籍。李登輝不同於其國民黨同志以「三民主義，統一中國」為政治理想，對統一問題有不同看法。

江澤民（1926 年－至今），江蘇揚州人，1989 年至 2002 年為中共總書記，第三代領導人核心。江澤民執政期間中國加入世貿，經濟持續發展，國內生產總值年均增長 12％左右。在理論上，江澤民的創新在於提出「三個代表」的觀點。2000 年 2 月 25 日，江澤民在廣東省考察工作時指出：「總結我們黨七十多年的歷史，可以得出一個重要結論，這就是：我們黨所以贏得人民的擁護，是因為我們黨在革命、建設、改革的各個時期，總是代表着中國先進生產力的發展要求，代表着中國先進文化的前進方向，代表着中國最廣大人民的根本利益，並通過制定正確的路綫方針政策，為實現國家和人民的根本利益而不懈奮鬥。」這為中共成為「全民黨」，從革命政黨走向執政興國政黨的演化打開一個新局面。2002 年江澤民實現和平交班，為中共政權移交制度化打下基礎。

歷史人物與歷史事實各種資料都帶有不同時代不同政治環境的主觀成份。歷史是當代人陳述的歷史，觀點角度、取材皆有局限性，上述人物的選取與資料只做參考，各取所信，不必求一。

中國之路 我們做對了甚麼？

作者　　　葉國華

責任編輯　苗淑敏
裝幀設計　方子聰

出版　　　活學文教有限公司

地址：香港九龍新蒲崗大有街一號勤達中心 16 樓
電話：852-3923 9711 傳真：852-2635 1607
網址：www.llce.com.hk
電郵：contact@llce.com.hk

承印　　　香港志忠彩印有限公司
書號　　　978-988-78351-2-7
定價　　　港幣 108 元
初版　　　2017 年 10 月

版權所有　未經本公司書面批准，不得將本書的任何部份，以任何方式翻印或轉載。